• Die Sprachzeitung •

THEMENHEFT

Español de cine

Películas y series para aprender español | Nivel B1 – C2

Ramon Aguiló, David Capuchino Santos y
Janina Pérez Arias

Carl Ed. Schünemann KG

| Foto: *Getty Images*

Clásicos y directores de cine en español

- ***Pedro Almodóvar:*** 'Todo sobre mi madre'
- ***Icíar Bollaín:*** 'Te doy mis ojos'
- ***José Luis Cuerda:*** 'La lengua de las mariposas'
- ***Isabel Coixet:*** 'Elisa y Marcela'
- ***Andrés Wood:*** 'Machuca'
- ***Guillermo del Toro:*** 'El laberinto del fauno'

La madurez del estilo artístico de Almodóvar en 'Todo sobre mi madre'

POR DAVID CAPUCHINO SANTOS

1 NACIDO EN 1949 en Calzada de Calatrava (Ciudad Real), Pedro Almodóvar es el director español más famoso del mundo de los últimos tiempos. Creció en Extremadura y tuvo una educación religiosa muy estricta antes de *mudarse a* Madrid a los 17 años. Allí comenzó a trabajar en Telefónica, tarea que *compatibilizaba con* su participación en un pequeño grupo de teatro llamado Los Goliardos. Durante este tiempo también *se dedicó a* escribir relatos, novelas y *guiones* de televisión, y formó parte de la banda punk-rock Almodóvar & McNamara, un grupo muy popular durante la *movida madrileña.*

2 Pedro Almodóvar supo trasladar el espíritu de la movida a la *gran pantalla*. El cine almodovariano tiene *rasgos* muy propios y no es fácil encontrar una clasificación exacta para sus películas. Tanto es así que en España existe una frase muy popular que se utiliza ante situaciones difíciles de clasificar: "Esto parece una película de Almodóvar". En sus películas encontramos temas muy variados de la *vida cotidiana* desde una perspectiva emocional particular: la enfermedad, la soledad, la falta de comunicación...

3 Durante su *infancia* y adolescencia pasó mucho tiempo con su madre y otras mujeres del pueblo. Por este motivo, el universo almodovariano *está repleto de* personajes femeninos con un carácter fuerte e independiente –un elemento *transgresor* en el cine español de los años 80 y 90–. Las mujeres que aparecen en sus películas suelen ser personas que han pasado por un mal momento en sus vidas, están rotas y llenas de dolor, pero nunca se muestran frágiles al espectador. Estos personajes son interpretados por 'chicas Almodóvar', actrices con las que el director *manchego* trabaja frecuentemente como, por ejemplo, Carmen Maura, Penélope Cruz, Rossy de Palma y Chus Lampreave. Además, las transexuales, las 'drag queens' y los homosexuales aparecen constantemente en sus películas desde la complicidad, no desde la crítica. Por otra parte, resulta transgresora la visión del director manchego sobre el modelo de familia 'estándar', que *rechaza*, sobre todo durante los años 80 y 90. En el cine de Almodóvar, una familia puede estar formada por padres separados, transexuales con *monjas*, etc.

4 Finalmente, los críticos *hacen hincapié en* la estética del director manchego. En sus películas se ve una mezcla de arte clásico con arte posmoderno, símbolos religiosos y otros elementos de la cultura popular. Los colores *juegan un papel* importantísimo tanto en las películas como en las *portadas*, en las que suele predominar el rojo, que para Almodóvar simboliza la pasión, el amor, el peligro, la furia o la muerte. El director pudo *desarrollar* su propio estilo gracias a la creación, junto con su hermano, de su compañía productora El Deseo. Con ella financiaron la primera película que define el estilo de Almodóvar: 'La *ley* del deseo'.

El director *Pedro Almodóvar en el Festival de Cannes.* | FOTO: *Picture Alliance*

0–1 **LA MADUREZ** Reife; h.: Ausgereiftheit – **mudarse a** umziehen nach – **compatibilizar con** vereinbaren mit – **dedicarse a algo** sich etw. widmen – **el guion** Drehbuch – **la movida madrileña** Kulturbewegung der Stadtjugend von Madrid nach dem Franquismus

2 **la gran pantalla** Kinoleinwand – **el rasgo** Zug – **la vida cotidiana** Alltagsleben

3 **la infancia** Kindheit – **estar repleto/-a de** voll sein von – **transgresor/a** h.: bahnbrechend; grenzüberschreitend – **manchego/-a** aus La Mancha – **rechazar** ablehnen – **la monja** Nonne

4 **hacer hincapié en algo** auf etw. Nachdruck legen – **jugar un papel** eine Rolle spielen – **la portada** h.: Filmplakat – **desarrollar** entwickeln – **la ley** Gesetz

'Todo sobre mi madre'

POR DAVID CAPUCHINO SANTOS

1 PELÍCULA GANADORA de siete premios Goya, un Óscar, un Globo de Oro, un premio al mejor director en el Festival de Cannes y numerosos premios en diferentes países del mundo, 'Todo sobre mi madre' *trata de* la vida de Manuela (Cecilia Roth), una madre *soltera* que decide *huir de* Barcelona cuando *se queda embarazada* de su hijo Esteban (Eloy Azorín). El joven quiere ser escritor y planea presentar un relato sobre su madre en un concurso. Para ello, Esteban le pregunta a su madre sobre su pasado y también sobre su padre, del que no sabe nada. El día de su decimoséptimo cumpleaños, Esteban y Manuela van a ver la *obra de teatro 'Un tranvía llamado Deseo'*, en la que actúa una de las actrices favoritas del adolescente y de su madre: Huma Rojo (Marisa Paredes).

2 Después de terminar la obra, Esteban y su madre van a esperar a Huma a la puerta del teatro para pedirle un autógrafo, pero Huma y Nina (Candela Peña), también actriz y amante de Huma Rojo, se suben a un taxi sin que Esteban *consiga* el autógrafo. El joven corre detrás del taxi y muere en un accidente. Con esto se inicia el viaje de vuelta de Manuela a Barcelona y la historia de la película. En la búsqueda del padre de su hijo, Manuela se reencuentra con antiguas amistades como Agrado (Antonia San Juan), una prostituta transexual que quiere salir de la calle. Manuela conocerá también a la hermana Rosa (Penélope Cruz), una joven monja que tiene problemas con su madre Rosa María (Rosa María Sardà) y cuyo padre tiene la enfermedad de Alzheimer, que intenta ayudar a Manuela y a Agrado para encontrar un trabajo. El padre de Esteban, que es un travesti que se hace llamar Lola (Toni Cantó), ha dejado embarazada a la hermana Rosa, y ella no sabe dónde está. Es en ese momento cuando Rosa y Manuela se unen para siempre, *ya que* esta la *cuida* durante el embarazo. Un trágico *suceso* une de nuevo los caminos de Manuela y el padre de Esteban.

3 En 'Todo sobre mi madre' los hombres *aparecen en un segundo plano* y los personajes femeninos tienen un *papel protagonista*, con *rasgos* propios de las mujeres que conocía Almodóvar. Por ejemplo, el *sacrificio* de Manuela por su hijo Esteban representa el sacrificio de la madre del director con sus hijos. Para esta película, Pedro también encontró inspiración en las mujeres transexuales que conoció durante la movida madrileña, a finales de los años 70 y durante los 80, para la creación del personaje Agrado. Ella es una mujer divertida y sencilla que lucha por *lograr* su sueño: ser mujer.

4 Un rasgo muy característico de esta película es la estética y el uso del arte *contemporáneo* como *recurso* de la misma. El *largometraje* tiene influencia de la obra de teatro que se representa en ella, 'Un tranvía llamado Deseo', así como de la obra 'Eva al desnudo' ('All About Eve' en inglés, que inspira también el título de la película). Además, el director hace uso del color rojo de forma intensa en algunas de sus escenas, dando la sensación al espectador de que el *fotograma* de la película es, a la vez, un cómic. Por otra parte, cuando muere el hijo de Manuela, esta llora bajo la lluvia sosteniendo a Esteban en sus brazos, haciendo referencia a escenas clásicas del arte típico español en las que la Virgen sostiene a Jesucristo después de *ser crucificado*.

'Todo sobre mi madre' *consiguió en total 27 premios en todo el mundo.* | FOTO: *Picture Alliance*

1 **TRATAR DE** handeln von – **soltero/-a** h.: alleinerziehend – **huir de** fliehen aus – **quedar(se) embarazada** schwanger werden – **la obra de teatro** Theaterstück – **'Un tranvía llamado Deseo'** dt. Titel: 'Endstation Sehnsucht' (Drama von Tennessee Williams, 1947)

2 **conseguir** bekommen – **ya que** denn; da – **cuidar** umsorgen, pflegen – **el suceso** Vorfall

3 **aparecer en un segundo plano** im Hintergrund erscheinen – **el papel protagonista** Hauptrolle – **el rasgo** Charakterzug – **el sacrificio** Opfer – **lograr** erreichen

4 **contemporáneo/-a** zeitgenössisch – **el recurso** Mittel – **el largometraje** Spielfilm – **el fotograma** h.: Einzelbild – **crucificar** kreuzigen

Estreno: 1999 • **Duración:** 101 min • **País:** España • **Director:** Pedro Almodóvar • **Guion:** Pedro Almodóvar
Música: Alberto Iglesias • **Fotografía:** Affonso Beato • **Producción:** El Deseo, Renn Productions, France 2 Cinéma
Género: Drama • **Reparto:** Cecilia Roth, Marisa Paredes, Candela Peña, Antonia San Juan, Penélope Cruz, Rosa María Sardà, Fernando Fernán Gómez, Eloy Azorín, Toni Cantó, Carlos Lozano, Cayetana Guillén Cuervo

Nivel: **B1 – B2** | Disponible en DVD

Antes de ver la película

Cuando la película 'Todo sobre mi madre' acaba, Pedro Almodóvar hace una dedicatoria muy especial:

> "A Bette Davis, Gena Rowlands, Romy Schneider... A todas las actrices que han hecho de actrices. A todas las mujeres que actúan. A los hombres que actúan y se convierten en mujeres. A todas las personas que quieren ser madres. A mi madre".

1. **Teniendo en cuenta lo que sabes hasta ahora sobre la película y sobre Almodóvar, ¿por qué crees que el director elige dedicar así la película? ¿Crees que tiene relación con el tema de la película? Si necesitas más espacio, usa tu cuaderno. Escribe una breve reflexión en tu cuaderno.**

Después de ver la película

2. **Lee las descripciones de los personajes de la película y relaciónalas con sus correspondientes fotos.**

a) Este personaje tiene el sueño de escribir una novela titulada 'Todo sobre mi madre'.

b) Tiene una mala relación con su madre, que no sabe que está embarazada.

c) Aunque es vulgar, tiene una personalidad cariñosa y graciosa. Durante toda su vida ha luchado por su sueño.

d) Interpreta el papel protagonista de 'Un tranvía llamado Deseo' y tiene problemas psicológicos y de drogadicción.

e) Ha sacrificado su vida por su hijo y sacrifica su vida para cuidar también al hijo de su amiga fallecida.

f) Es una reputada actriz y participa en 'Un tranvía llamado Deseo', donde se enamora de otra persona que trabaja en la obra.

A ________

B ________

C ________

D ________

E ________

F ________

| Fotos: *Getty Images*

3. **Escribe en tu cuaderno con tu compañero/-a una escena en la que Lola la Pionera y Esteban se conocen. Ten en cuenta los siguientes aspectos.**

- Escribe el diálogo, el espacio en el que se encuentran y añade gestos, ruidos, etc., para crear ambiente.
- Si es necesario, puedes incorporar a otros personajes de la película para que participen en la escena.
- Interpreta la escena en grupo con tu compañero/-a.

4. **Describe el siguiente fotograma de la película. Si necesitas más espacio, usa tu cuaderno.**

| Foto: *Getty Images*

____

____

____

____

____

____

5. **Debate en grupo o escribe un texto en tu cuaderno con las respuestas a las siguientes cuestiones. Razona tus respuestas.**

- ¿Cuál es el argumento de la película? ¿Qué temas presenta el director?
- ¿Crees que todos los personajes contribuyen a dar visibilidad a la diversidad sexual y de género que existe en España? ¿Por qué crees que el director los presenta en la película?
- ¿Qué te ha parecido personalmente la película? ¿Qué escena y qué personaje te gusta más/menos? Razona tu respuesta.
- Lee tu respuesta al ejercicio 1, ¿has cambiado de opinión? ¿Por qué crees que el director escribe esa dedicatoria?

La mirada social de Icíar Bollaín

Icíar Bollaín *durante la presentación de su última película 'La boda de Rosa' (2020)* | Foto: *Picture Alliance / Itahisa Hernández*

Por David Capuchino Santos

1 NACIDA en Madrid en 1967, la actriz y directora Icíar Bollaín se interesó desde muy joven por el arte: sus pasiones eran el cine y la pintura. Aunque nunca se había imaginado poder trabajar como actriz, se presentó a un 'casting' donde *consiguió* su primer papel con tan solo 16 años. Su trabajo en la película 'El sur' (1983), del director Víctor Erice, la motivó a comenzar sus estudios de Bellas Artes en la Universidad Complutense de Madrid. Tras acabar sus estudios recibió su primer papel como actriz protagonista en 'Sublet' (1991), de la directora Chus Gutiérrez, además de papeles en películas de grandes directores, tanto españoles como de la escena internacional. Así fue como Bollaín *descubrió* su pasión por la *dirección*, una labor por la que ha recibido más *reconocimiento* que por la de actriz. Sus primeros *cortometrajes* 'Baja, corazón' (1992) y 'Los amigos del muerto' (1993) le sirvieron de práctica para dirigir películas y debutar como directora unos años después con su primer largometraje 'Hola, ¿estás sola?' (1995).

2 Esta película *tuvo una gran acogida* por parte del público y la crítica, que *apreciaron* la mirada juvenil y femenina que la directora madrileña introdujo en su *ópera prima*. 'Hola, ¿estás sola?' fue descrita en su momento por el escritor José F. Colmeiro como una película "a medio camino entre la 'road movie' [en español, película de carretera] y la *novela picaresca*", en la que se describe la realidad desde los *bajos fondos*. Al igual que en la *obra* de la picaresca española por excelencia, el 'Lazarillo de Tormes', las dos protagonistas de la película, Trini y la Niña, se desplazan por toda la geografía española para *buscarse la vida*. Sus personajes tienen experiencias que muestran las grandes *preocupaciones* de la España de la época: el *desempleo juvenil*, la inmigración desde Europa del Este, la marginación social y la *pequeña delincuencia*.

3 El *compromiso* social es una seña de identidad del cine de Bollaín, *puesto que* en sus películas existe el *objetivo* de explorar los *retos* más importantes de nuestro tiempo: la migración, el racismo, la pobreza, la *violencia de género*..., así como otros temas secundarios también importantes: la soledad, las relaciones familiares, la problemática del mundo *rural* español, etc. Sus películas más representativas en este sentido son 'Flores de otro mundo' (1999), 'Te doy mis ojos' (2003) y 'También la lluvia' (2010). En general, el espacio en el que *se desarrollan* sus películas es el mundo rural o las pequeñas ciudades como Valladolid, Toledo o Cochabamba (Bolivia).

1 **CONSEGUIR** bekommen – **descubrir** entdecken – **la dirección** Regie – **el reconocimiento** Anerkennung – **el cortometraje** Kurzfilm
2 **tener una gran acogida** gut aufgenommen werden von; breite Zustimmung finden bei – **apreciar** schätzen – **la ópera prima** Debüt; Erstlingswerk – **la novela picaresca** <Genre> Schelmenroman – **los bajos fondos** (Pl.) Unterwelt – **la obra** Werk – **buscarse la vida** durchkommen; sich durchschlagen – **la preocupación** Sorge – **el desempleo juvenil** Jugendarbeitslosigkeit – **la pequeña delincuencia** Kleinkriminalität
3 **el compromiso** Engagement – **puesto que** da; weil – **el objetivo** Ziel – **el reto** Herausforderung – **la violencia de género** geschlechtsspezifische Gewalt – **rural** ländlich – **desarrollarse** h.: spielen

'Te doy mis ojos'

Por David Capuchino Santos

1 'TE DOY MIS OJOS' es una película dramática basada en un cortometraje previo de Icíar Bollaín, 'Amores que matan' (2000). El tema central de la película es la violencia de género, en este caso concreto, la que se da dentro del *matrimonio*. La película es de gran importancia porque, si bien en la España de 2003 se comenzaba a *tomar conciencia sobre* el problema del machismo y sus consecuencias, sobre todo para las mujeres, no fue hasta 2004 cuando se *aprobó una ley* para proteger a las *víctimas* de la violencia de género. La película fue ganadora de siete premios Goya, dos Conchas de Plata en el Festival Internacional de Cine de San Sebastián y seis medallas del Círculo de Escritores Cinematográficos.

2 Pilar (Laia Marull) es un *ama de casa* que vive con su marido Antonio (Luis Tosar) y su hijo Juan (Nicolás Fernández) en un barrio de la periferia *toledana*. Desde el primer instante de la película se siente la tensión y el miedo, *ya que* Pilar aparece haciendo las maletas para irse con su hijo a casa de su hermana Ana (Candela Peña), que vive en el centro de la ciudad con su *novio* John (David Mooney). Allí se queda a vivir durante un tiempo e inicia una nueva vida, busca trabajo e intenta distanciarse de Antonio. Icíar Bollaín dijo que la película "cuenta la historia de Pilar y Antonio, pero también de quienes los *rodean*, una madre que *consiente*, una hermana que no entiende, un hijo que mira y calla, unas amigas, una sociedad y una ciudad como Toledo, que añade con su *esplendor* artístico y su peso histórico

Fotograma *de la película 'Te doy mis ojos', que cuenta la historia de Pilar y Antonio.* | FOTO: *Picture Alliance/dpa*

y religioso una dimensión más a esta historia de amor, de miedo, de control y de poder".

3 La directora pretende *incidir en* la violencia menos visible: la psicológica. A lo largo de la película no aparecen escenas violentas 'con sangre', sino situaciones en las que se puede percibir la tensión y el miedo que siente Pilar cada vez que ve a Antonio. La mirada de Pilar es esencial en la película, ya que sus ojos transmiten el horror que *padece* la mujer *maltratada*. Por otra parte, en la película también se pretende comprender al maltratador: Antonio es un hombre inseguro, *incapaz de* resolver sus problemas de forma pacífica, por lo que *acude a* terapia para tratar de solucionarlos. *A pesar de esto*, la película no pierde en ningún momento la perspectiva de género y la problemática que *sufren* las mujeres maltratadas: la falta de independencia económica, la dificultad de *despegarse de* una relación tóxica, la falta de *apoyo* por parte de sus familias…

4 Al *estar ambientada en* Toledo, en la película se pueden ver varios cuadros de algunos artistas famosos como, por ejemplo, los del Greco, el pintor griego que realizó gran parte de su obra en dicha ciudad. El pintor solía utilizar en sus cuadros la técnica del 'horror vacui' –miedo al vacío–, lo que refleja el miedo que tiene Pilar a separarse de Antonio, pero también a volver con él. Un ejemplo de 'horror vacui' se ve muy claramente en la escena en la que aparece *'El entierro del conde de Orgaz'*, un cuadro muy emblemático que se encuentra en la iglesia de Santo Tomé, donde trabaja la protagonista.

1 **EL MATRIMONIO** Ehe – **tomar conciencia de/sobre** sich einer Sache bewusst werden – **aprobar una ley** ein Gesetz verabschieden – **la víctima** Opfer

2 **el** (fem.) **amo/-a de casa** Hausmann/-frau – **toledano/-a** aus Toledo – **ya que** da – **el/la novio/-a** feste/r Freund/in – **rodear** umgeben – **consentir** zulassen; dulden – **el esplendor** Glanz

3 **incidir en** hervorheben – **padecer** erleiden – **maltratado/-a** misshandelt – **incapaz de** unfähig zu – **acudir a** gehen zu – **a pesar de esto** trotzdem – **sufrir** leiden unter – **despegarse de** sich lösen von – **el apoyo** Unterstützung

4 **estar ambientado/-a en** spielen in – **'El entierro del conde de Orgaz'** dt. Titel: 'Das Begräbnis des Grafen von Orgaz'

Estreno: 2003 • **Duración:** 106 min • **País:** España • **Directora:** Icíar Bollaín • **Guion:** Icíar Bollaín, Alicia Luna • **Música:** Alberto Iglesias • **Fotografía:** Carles Gusi • **Producción:** La Iguana, Alta Producción • **Género:** Drama • **Reparto:** Laia Marull, Luis Tosar, Candela Peña, Rosa María Sardà, Kiti Mánver, Sergi Calleja, Nicolás Fernández, Elisabet Gelabert, Elena Irureta, Chus Gutiérrez, David Mooney, Antonio de la Torre

Nivel: B1 – B2 | Disponible en Amazon Prime

Antes de ver la película

EJERCICIOS

1. **En el año 2003 la violencia de género todavía era un tema tabú y un problema sin resolver en España. Comenta con tu compañero/-a las siguientes cuestiones y juntos escribid brevemente vuestras conclusiones en vuestro cuaderno. Razonad vuestras respuestas.**

- ¿Sabéis cómo se trataba entonces el tema de la violencia de género en vuestro país? ¿Era un problema visible para la sociedad?
- ¿Pensáis que la sociedad es hoy más consciente de este problema?
- ¿Qué medidas se toman en vuestro país para acabar con este problema? ¿Creéis que son suficientes?

Después de ver la película

2. **Elige dos de los siguientes personajes de la película y descríbelos brevemente en tu cuaderno. Si lo necesitas, utiliza los adjetivos que están en el recuadro naranja. Intercambia tus descripciones con las de tu compañero/-a y adivina a quién ha descrito.**

a) Pilar	**b)** Antonio
c) Juan	**d)** Ana
e) John	**f)** Aurora

simpático/-a • cariñoso/-a • violento/-a • tierno/-a • sumiso/-a • inseguro/-a • fuerte • independiente • libre • comprensivo/-a • trabajador/a • miedoso/-a • celoso/-a

En el artículo se explica que para la directora la película no cuenta solo la historia de la pareja que forman Antonio y Pilar, sino que va más allá y es la historia de todos los familiares y las amistades de Pilar.

3. **Contesta a las siguientes preguntas en tu cuaderno. Si estás en clase, puedes discutir tus respuestas con las de tus compañeros/-as.**

- ¿Cómo describirías el comportamiento de los personajes de la película?
- ¿Crees que son conscientes de la situación a la que se enfrenta Pilar? ¿Por qué (no)?
- ¿Cómo crees que se siente Juan? ¿Cuál piensas que es su relación con cada uno de sus padres?

4. **Comenta en grupo. ¿Cómo justifican el maltrato a las mujeres los hombres que van con Antonio a terapia de grupo? ¿Creéis que piensan así de verdad? ¿Por qué (no)?**

5. **Debate en grupo o escribe un texto en tu cuaderno sobre la película donde des respuesta a las siguientes cuestiones. Razona tus respuestas.**

- ¿Cuál es el argumento y el tema central de la película?
- ¿Crees que las actitudes de los personajes se ajustan a la realidad?
- ¿Qué aspectos te han llamado más la atención de la película? ¿Crees que hay algún tema relacionado que se obvia en la película?
- ¿Crees que es acertado tratar el tema de la violencia de género también desde el punto de vista masculino?
- ¿Qué te ha parecido personalmente la película?
- ¿Qué escenas te gustan más? ¿Cuáles menos?

José Luis Cuerda y el humor surrealista

Por David Capuchino Santos

1 EL CASTELLANO-MANCHEGO de Albacete José Luis Cuerda (1947–2020) ha sido uno de los más admirados directores españoles de las últimas décadas. También *se dedicó a* escribir *guiones* y a realizar tareas de producción. Aunque estudió en un seminario y comenzó la carrera de *Derecho*, el futuro laboral del joven Cuerda no estaría en los tribunales, sino detrás de las cámaras. *Abandonó* sus estudios para dedicarse a su trabajo como técnico de radiodifusión y televisión en los informativos de *RTVE*. En 1977 *estrenó* su primer telefilme, una adaptación de la novela 'El túnel', de Ernesto Sabato. Ese mismo año dirigió, además, otro telefilme con el título *'Mala racha'*, *ambientado en* el mundo del boxeo.

2 Su primera película pensada para la gran pantalla fue 'Pares y nones' (1982), que se asocia a un género muy popular de la época llamado 'Nueva comedia madrileña'. *Sin embargo*, durante la dirección de 'Total' (1983) el director comenzó a tener un estilo propio con tintes surrealistas que ha caracterizado su *obra*. Esta sería la primera película de su llamada 'trilogía surrealista', que la completan 'Amanece, que no es poco' (1989) y 'Así en el cielo como en la tierra' (1995). Cabe *destacar* la película 'El bosque animado' (1987), basada en la novela de Wenceslao Fernández Flórez, con la que ganó cinco premios Goya. Gracias a su *toque* de humor personal y especial, Cuerda se convirtió en un referente del cine español. El propio director describía su cine como "un *retorcimiento* de la realidad que sigue siendo realidad". Otra característica propia de su estilo es que a Cuerda le gustaba hacer adaptaciones de la literatura española para la gran pantalla.

3 Su gran *aportación* al cine español es su humor surrealista o, como él lo llamaba, "humor surruralista", puesto que la mayoría de sus películas *se desarrollan* en el ámbito rural, normalmente con personajes que tienen características *castizas* de los pueblos españoles. Por otra parte, en su faceta de productor Cuerda fue quien descubrió al director de cine Alejandro Amenábar, a quien ayudó con la producción de 'Tesis' (1996), 'Abre los ojos' (1997) y 'Los otros' (2001). Cuerda también fue guionista de la mayor parte de las películas que dirigió. *Logró* dos premios Goya al mejor guion adaptado por su trabajo en 'La lengua de las mariposas' (1999) y 'Los girasoles ciegos' (2008).

4 El cine español sería incomprensible de no haber existido las películas de José Luis Cuerda. El director manchego fue una fuente de inspiración para actores, directores, cómicos y guionistas. Su familia siempre fue muy importante para él: su esposa, María Esperanza Barcaiztegui, y sus hijas Elena e Irene lo *apoyaron* siempre en todo lo que hizo. Durante el *funeral* de su esposa, que *falleció* en 2016, no podía parar de llorar, pero hizo uso de su típico sentido del humor y leyó el horóscopo de su *difunta* esposa entre lágrimas. Sus dos hijas, que lo acompañaron durante sus últimos días de vida, fueron quienes comunicaron a los medios de comunicación su muerte el 4 de febrero de 2020. Muchos artistas le recordaron como un hombre talentoso, *bondadoso* y generoso con un sentido del humor y una genialidad excepcionales.

El director *José Luis Cuerda durante la presentación de su última película 'Tiempo después' (2018).* | Foto: *Getty Images/Carlos Álvarez*

1 **DEDICARSE A ALGO** sich etw. widmen – **el guion** Drehbuch – **Derecho** Jura – **abandonar** verlassen; h.: abbrechen – **RTVE (Radiotelevisión Española)** öffentlich-rechtliche Rundfunkanstalt Spaniens – **estrenar** herausbringen – **la mala racha** Pechsträhne – **ambientar en** spielen in

2 **sin embargo** jedoch – **la obra** Werk – **destacar** hervorheben – **el toque** Touch – **el retorcimiento** Verdrehung

3 **la aportación** Beitrag – **desarrollarse** sich abspielen – **castizo/-a** volkstümlich – **lograr** gewinnen

4 **apoyar** unterstützen – **el funeral** Beerdigung – **fallecer** sterben – **difunto/-a** verstorben – **bondadoso/-a** gütig

El giro de Cuerda en 'La lengua de las mariposas'

Por David Capuchino Santos

1 JOSÉ LUIS CUERDA dio un giro a su carrera para salir del humor surrealista y entrar de lleno en una película dramática donde *a pesar de* la dureza se ven algunos *tintes* humorísticos propios del director. En este largometraje, el *albaceteño* trabajó junto con Rafael Azcona –su amigo y guionista– para adaptar al cine el libro de cuentos '¿Qué me quieres, amor?' de Manuel Rivas. Su trabajo les valió un Goya y la Medalla del Círculo de Escritores Cinematográficos en la categoría de mejor guion adaptado.

2 La película *trata de* la relación entre don Gregorio (Fernando Fernán Gómez), un *maestro* republicano que enseña en el colegio de un pueblo de la Galicia en 1936, y su alumno Moncho (Manuel Lozano). Aunque al principio el niño de 8 años *teme* ir al colegio por miedo a que el maestro le pegue, pronto descubre que don Gregorio es un buen maestro que trata de enseñar a sus alumnos todo lo que sabe con paciencia y de forma atrayente para ellos.

3 La película se acerca a los meses previos al *golpe de Estado* que inició la *guerra civil*. A lo largo de sus 97 minutos de duración se percibe la tensión entre los republicanos, la Iglesia y la oligarquía rural. Dicha tensión se *aprecia* en varias escenas de la película como, por ejemplo, en las discusiones sobre política entre Ramón (Gonzalo Martín Uriarte) y Rosa (Uxía Blanco) –los padres de Moncho y Andrés (Alexis de los Santos)–; la escena en la que el padre de un alumno le lleva dos gallos a don Gregorio para que emplee otro método más estricto con su hijo o la escena del *enfrentamiento* en latín entre el maestro y el *cura* del pueblo (Celso Burgallo). En medio de este clima *hostil*, don Gregorio continúa con su labor intentando transmitir sus conocimientos a sus alumnos, en especial a Moncho, con quien tendrá una amistad muy especial *debido a* la sed de conocimiento que tiene el niño. La llegada de la guerra *recrudece* la tensión social, puesto que se muestra una sociedad que se mueve entre el *odio* y el miedo, y da pie al dramático y triste final de la película.

4 'La lengua de las mariposas' muestra la importancia vital que tuvieron la educación y la cultura en el proyecto republicano, con el que en pocos años se hizo un gran *esfuerzo* en todos los sentidos para poder llevar el aprendizaje y el conocimiento a los rincones más *recónditos* de la geografía española. Entre los represaliados republicanos de la guerra civil española hubo gran cantidad de maestros, que fueron considerados un peligro para la Iglesia, el *Ejército* (representado en la película a través de la Guardia Civil) y la oligarquía, tres sectores de la sociedad que habían tenido un gran poder hasta el inicio de la II República. Además, en la película se *elogian* otros *éxitos* del proyecto republicano como, por ejemplo, el *logro* del *sufragio femenino* en 1931.

0–1 **EL GIRO** Wendung – **'La lengua de las mariposas'** dt. Titel: 'Die Zunge der Schmetterlinge' – **a pesar de** trotz – **el tinte** Anflug – **el/la albaceteño/-a** Einwohner/in von Albacete
2 **tratar de** handeln von – **el/la maestro/-a** Lehrer/in – **temer** fürchten
3 **el golpe de Estado** Staatsstreich – **la guerra civil** h.: Spanischer Bürgerkrieg (1936–1939) – **apreciar** wahrnehmen – **el enfrentamiento** Auseinandersetzung – **el cura** Priester – **hostil** feindselig – **debido a** wegen – **recrudecer** verschärfen – **el odio** Hass
4 **el esfuerzo** Anstrengung – **recóndito/-a** verborgen – **el ejército** Militär – **elogiar** rühmen – **el éxito** Erfolg – **el logro** Errungenschaft – **el sufragio femenino** Frauenwahlrecht

i **Estreno:** 1999 • **Duración:** 97 min • **País:** España • **Director:** José Luis Cuerda • **Guion:** José Luis Cuerda, Rafael Azcona, Manuel Rivas (novela) • **Música:** Alejandro Amenábar • **Fotografía:** Javier Salmones • **Producción:** José Luis Cuerda, Fernando Bovaira, Las Producciones del Escorpión, Canal + España, RTVE, Sogecine • **Género:** Drama • **Reparto:** Fernando Fernán Gómez, Manuel Lozano, Uxía Blanco Gonzalo Uriarte, Alexis de los Santos, Jesús Castejón, Willy Toledo, Eva Fernández, Tamar Novas, Celso Parada, Elena Bagutta, Roberto Vidal, Antonio Lagares, Milagros Jiménez, Lara López, Alberto Castro, Diego Vidal, Xosé Manuel Oliveira, Manuel Piñeiro, Alfonso Cid, José Ramón Vieira, Antonio Pérez, Eduardo Gómez, Fely Manzano, Jose F. Expolio

Nivel: B2 | Disponible en Amazon Prime

Antes de ver la película

EJERCICIOS

1. **Como sabes, 'La lengua de las mariposas' es una adaptación de varios cuentos de Manuel Rivas. Comenta con tu compañero/-a las siguientes cuestiones.**

- ¿Qué piensas sobre las adaptaciones literarias al cine?
- ¿Conoces alguna otra adaptación cinematográfica?
- ¿Qué te suele gustar más, un libro o su adaptación?

2. **La película se desarrolla en los meses previos al inicio de la guerra civil española, desde inicios de 1936 hasta julio de 1936. ¿Qué sabes sobre la guerra civil en España? Comenta este tema en grupo y juntos haced un mapa conceptual en vuestro cuaderno. Buscad información si es necesario.**

Después de ver la película

3. **Leed el siguiente fragmento de '¿Qué me quieres, amor?', de Manuel Rivas, y explicad por qué Moncho tiene tanto miedo.**

"Yo quería mucho a aquel maestro. Al principio mis padres no podían creerlo. Quiero decir que no podían entender cómo yo quería a mi maestro. Cuando era un 'picarito', la escuela era una amenaza terrible". (...).
"¡Ya verás cuando vayas a la escuela!".
"Mi padre contaba como un tormento, como si le arrancaran las amígdalas con la mano, la manera en que el maestro les arrancaba la *gheada* del habla para que no dijeran ni 'ajua' ni 'jato' ni 'jracias'. Todas las mañanas teníamos que decir la frase 'Los pájaros de Guadalajara tienen la garganta llena de trigo'. ¡Muchos palos llevábamos por culpa de Juadalajara". Si de verdad quería meterme miedo, lo consiguió".

i **la gheada** — fenómeno fonético en Galicia que consiste en la pronunciación de la letra *g* como una *j*.

Comentad en grupo cómo fue vuestro primer día en el colegio: ¿lo recordáis? ¿Teníais miedo o teníais ganas de ir?

4. **Una de las características de la sociedad española en 1936 era su división ideológica. ¿En qué momentos de la película se puede apreciar este hecho? Reflexiona en tu cuaderno, compara tus respuestas con las de tu compañero/-a y completa la información que te falte.**

5. **¿Qué te parece el final de la película? ¿Te ha gustado? ¿Piensas que es realista? Razona tu respuesta. Si necesitas más espacio, usa tu cuaderno.**

____

____

____

____

____

6. **Formad un grupo de cuatro personas y escribid en vuestro cuaderno un final alternativo para la película. Tened en cuenta los siguientes aspectos.**

- Escribid el diálogo y describid el espacio en el que se desarrolla; añadid gestos, ruidos, etc. para crear ambiente.
- Si es necesario, podéis incorporar otros personajes de la película para que participen en la escena.
- Interpretad la escena ante vuestros compañeros. Podéis votar cuál es la representación que más os ha gustado.

Isabel Coixet: la directora de las palabras

La directora *Isabel Coixet fue galardonada en 2020 con el Premio Nacional de Cinematografía del Ministerio de Cultura y Deporte.* | FOTO: *Getty Images*

POR DAVID CAPUCHINO SANTOS

1 LA DIRECTORA, escritora y *guionista* española Isabel Coixet (Barcelona, 1960) tenía clara su *vocación* desde niña, cuando le regalaron una cámara de 8 mm con la que comenzó a *grabar* ya en su *infancia*. Durante su adolescencia, la joven Coixet comenzó a interesarse por el cine y la literatura, sus dos grandes pasiones. Además de ser una *devoradora de libros*, siempre tuvo la voluntad de aprender a hacer cine y se formó de modo autodidacta yendo a diferentes seminarios y cursos y viendo películas. *Licenciada en* Historia con especialización en los *siglos* XVIII y XIX, Coixet comenzó su carrera profesional en el mundo de la *publicidad*, donde terminó de aprender de forma práctica cómo se graba y qué hay que *tener en cuenta*. Su cénit dentro del mundo publicitario lo tuvo cuando le dejaron grabar y dirigir su primer *anuncio*. *Debido a* su gran *éxito* como publicista, labor por la que ganó algunos premios, pudo *fundar* en el año 2000 su propia productora, Miss Wasabi Films.

2 Su debut en la *gran pantalla* como directora y guionista se produjo en 1988 con la película 'Demasiado viejo para morir joven', un drama con tres jóvenes protagonistas que tienen dificultades para encontrar un trabajo estable y que sobreviven como pueden. Gracias a esta película, Isabel Coixet fue nominada a un Goya a la mejor directora novel, aunque este filme tuvo poco éxito comercial. Coixet tuvo que esperar hasta 1996 para poder grabar el que sería su siguiente *largometraje*, mucho más exitoso, en Estados Unidos: 'Cosas que nunca te dije' ('Things I Never Told You'). Esta película también *obtuvo* una nominación a los Premios Goya en la categoría de mejor guion original y ganó la Medalla del Círculo de Escritores Cinematográficos (CEC).

3 A lo largo de más de treinta años de *trayectoria profesional* la directora ha rodado veinticinco películas y algunos documentales en los que muestra su *compromiso* con los temas sociales. *Sobresalen* largometrajes como 'Mi vida sin mí' (2003), muy *elogiado* por la crítica a nivel internacional; 'La vida secreta de las palabras' (2005), que obtuvo, entre otros *galardones*, cuatro premios Goya o 'La Librería' (2017), que también recibió un gran *reconocimiento* por parte de la crítica y el público, con tres premios Goya, además de varias nominaciones. Entre sus documentales cabe *destacar* 'Escuchando al *juez* Garzón' (2011), con el que *consiguió* un Goya a la mejor película documental. Su carrera en el mundo del cine fue galardonada en 2020 por el Ministerio de Cultura y Deporte con el Premio Nacional de Cinematografía.

4 En sus películas se *aprecia* una *predilección* por la comunicación entre las personas, por las palabras, su significado y sus límites, *ya que* las palabras a veces no pueden describir los sentimientos de forma precisa. Es por eso que en las películas de Coixet las miradas y los silencios *adquieren* un valor especial. Isabel Coixet es una de las directoras españolas más *prestigiosas*. *Sin duda*, no tiene nada que *envidiar* a otros directores españoles en cuanto a proyección internacional gracias a un estilo único con el que desnuda el *alma* de sus personajes de una forma sencilla. La actriz Sarah Polley, que trabajó con Coixet en varias películas, afirmó de la directora española para 'Fotogramas': "Trabaja de forma diferente a cualquier director con quien he trabajado o he visto, así que sientes que estás viendo el trabajo de alguien que está haciendo algo nuevo, muy suyo, diferente".

0–1 **EL/LA DIRECTOR/A** Regisseur/in – **el/la guionista** Drehbuchautor/in – **la vocación** Berufung – **grabar** aufnehmen – **la infancia** Kindheit – **el/la devorador/a de libros** h.: Leseratte – **licenciado/-a en (...)** einen Universitätsabschluss in (...) haben – **el siglo** Jahrhundert – **la publicidad** Werbung – **tener en cuenta** beachten – **el anuncio** Werbespot – **debido a** wegen – **el éxito** Erfolg – **fundar** gründen

2 **la gran pantalla** Kinoleinwand – **el largometraje** Spielfilm – **obtener** erhalten

3 **la trayectoria profesional** berufliche Karriere – **el compromiso** Engagement – **sobresalir** herausragen – **elogiar** loben – **el galardón** Auszeichnung – **el reconocimiento** Anerkennung; Wertschätzung – **destacar** hervorheben – **el/la juez/a** Richter/in – **conseguir** bekommen

4 **apreciar** schätzen – **la predilección** Vorliebe – **ya que** denn; da – **adquirir** bekommen – **prestigioso/-a** angesehen – **sin duda** zweifellos – **envidiar** neidisch sein auf – **el** (fem.) **alma** Seele

'Elisa y Marcela': el "matrimonio sin hombre"

Isabel Coixet *decidió rodar 'Elisa y Marcela' tras conocer su historia a través de la prensa. En muchas de sus escenas logra captar la esencia de un amor prohibido que tuvo poca aceptación social en la época.* | FOTOS: *Picture Alliance/ Everett Collection*

POR DAVID CAPUCHINO SANTOS

1 'ELISA Y MARCELA' es una película basada en hechos reales que cuenta la historia de Elisa Sánchez Loriga (Natalia de Molina) y Marcela Gracia Ibeas (Greta Fernández), dos *maestras* gallegas que mantuvieron una relación amorosa en secreto a finales del *siglo* XIX y principios del XX. La historia se fundamenta en un caso curioso de dos mujeres que se casaron en 1901 por la Iglesia, más de un siglo antes de la legalización del matrimonio homosexual en España. Para casarse, Elisa se hizo pasar por un hombre bajo el nombre de Mario, que *supuestamente* era un primo que había fallecido unos meses antes.

2 Aunque ciertos críticos cinematográficos consideraron que, desde el punto de vista artístico, el trabajo de la directora catalana deja mucho que desear, la película nos traslada a la mentalidad de la sociedad española de finales del siglo XIX y principios del XX, y sobre todo nos hace empatizar con sus personajes principales. Esta fue la principal motivación de Coixet a la hora de escribir el guion y rodar el largometraje. El objetivo era dar a conocer esta historia y mostrar los problemas *a* los que *se enfrentaron* y se enfrentan todavía hoy los colectivos LGTBIQ+.

3 Lo que pretende Coixet en esta película es mostrar cómo en la esfera privada, *a pesar de* los problemas a los que se enfrentan las protagonistas de este filme, hay una atmósfera de confianza, felicidad y libertad. El mensaje es que, si dos personas se aman, lo harán igualmente aunque vaya contra la *ley* y contra todo lo establecido. La película no *hace* tanto *hincapié en* recrear al detalle la época, sino más bien en la intolerancia de la sociedad del momento. Esta intolerancia se palpa en las miradas de los vecinos, los silencios y las conversaciones de las protagonistas.

4 En esta película la directora catalana plasma su visión de esta historia que llegó a su conocimiento a través de dos libros de Narciso de Gabriel –coguionista del filme– sobre Elisa y Marcela, historia que el autor descubrió en un artículo periodístico de 'La Voz de Galicia' de 1901 cuyo título era 'Asunto ruidoso: un matrimonio sin hombre'. La película pretende ser un canto a los derechos que el colectivo LGTBIQ+ ha conseguido a lo largo de las últimas décadas y los que aún quedan por conseguir. También pretende servir de reflexión a los espectadores para que *sean conscientes de* que una *actitud* intolerante ante un amor atípico no tiene razón de ser. Es muy fácil empatizar con el dolor y las dudas que sienten las dos protagonistas en ciertos momentos de la película, *debido a* lo que dicen, pero también a ciertos *planos,* a ciertas miradas.

0–1 **EL MATRIMONIO** Ehe – **el/la maestro/-a** Grundschullehrer/in – **el siglo** Jahrhundert – **supuestamente** angeblich
2–3 **enfrentarse a** sich konfrontiert sehen mit – **a pesar de** trotz – **la ley** Gesetz – **hacer hincapié en algo** Nachdruck auf etw. legen
4 **ser consciente de algo** sich etw. bewusst sein – **la actitud** Haltung – **debido a** wegen – **el plano** Kameraeinstellung

Estreno: 2019 • **Duración:** 129 min • **País:** España • **Directora:** Isabel Coixet • **Guion:** Isabel Coixet, Narciso de Gabriel • **Música:** Sofía Oriana Infante • **Fotografía:** Jennifer Cox (B & W) • **Producción:** Rodar y Rodar, Netflix España, Lanube Películas, Zenit, TV3 • **Género:** Drama. Romántico • **Reparto:** Natalia de Molina, Greta Fernández, Sara Casasnovas, Tamar Novas, María Pujalte, Francesc Orella, Lluís Homar, Jorge Suquet, Manolo Solo, Milo Taboada, Manuel Lourenzo, Elena Seijo, Luisa Merelas, Roberto Leal, Amparo Moreno, Tania Lamata, Covadonga Berdiñas

Nivel: B2 | Disponible en Netflix

Antes de ver la película

En 2005 España aprobó una ley para permitir el matrimonio entre personas del mismo sexo. De este modo, España se convirtió en el tercer país del mundo, tras los Países Bajos y Bélgica, en legalizar el matrimonio homosexual. Sin embargo, una parte de la población estaba en contra.

1. **Debate las siguientes cuestiones en grupo y razona tus respuestas con argumentos.**

- ¿Cómo es la situación de los homosexuales en tu país?
- ¿Piensas que la sociedad tolera la homosexualidad en la actualidad?

Después de ver la película

2. **Responde a las siguientes preguntas sobre la película en tu cuaderno. Si estás en clase, compara tus respuestas con los de tus compañeros.**

a) ¿Cómo se conocen Elisa y Marcela?

b) ¿Cómo reacciona el padre de Marcela cuando las ve juntas por primera vez?

c) ¿Por qué están tres años separadas Elisa y Marcela? ¿Cómo se comunican durante este tiempo?

d) ¿A qué pueblos envían como maestras a las protagonistas?

e) ¿Dónde se casan Elisa y Marcela?

f) ¿Qué pasa con la hija de Marcela en la película?

3. **Durante los primeros minutos de la película 'Elisa y Marcela' aparece una mujer hablando. ¿Quién es este personaje? Escribe todo lo que sepas sobre ella en tu cuaderno.**

4. **En la película aparecen tres palabras que sirven para insultar a Elisa y a Marcela por su homosexualidad. ¿Cuáles son? ¿En qué situaciones aparecen? ¿Qué significan? Escribe la información en tu cuaderno y usa un diccionario si es necesario.**

5. **Investiga sobre la historia de Elisa y Marcela y completa tu conocimiento sobre la vida de estas dos mujeres. Escribe en tu cuaderno un texto en el que tengas en cuenta los siguientes aspectos.**

- ¿Qué hechos fueron iguales tanto en la película como en la vida real de las protagonistas?
- ¿Hay alguna invención de la directora para hacer la película más atractiva? ¿Cuál(es)?
- Pon en común los resultados de tu investigación junto con los de tus compañeros/-as.

6. **¿Qué te ha parecido la película personalmente? ¿Qué aspectos te han gustado más/menos? Escribe tus respuestas en tu cuaderno y razónalas. Si estás en clase, compáralas con las de tus compañeros/-as.**

Andrés Wood *durante la presentación de su última película, 'Araña', en 2019.* | Foto: *Getty Images/AFP*

Andrés Wood, icono del cine chileno

Por David Capuchino Santos

1 EL DIRECTOR, guionista y productor chileno Andrés Wood (Santiago de Chile, 1965) es considerado un icono dentro del cine chileno. *De ascendencia escocesa* e irlandesa, de niño fue al colegio privado Saint George's College, una institución activista en los *ámbitos* social y político. Aunque ya en su juventud se interesó por el séptimo arte, estudió Ingeniería Comercial en la Pontificia Universidad Católica de Chile. Después, Wood se embarcó hacia una aventura en Nueva York, la de estudiar dirección de cine entre 1990 y 1991.

2 Tras finalizar sus estudios, Wood realizó su primer *cortometraje*, 'Idilio' (1992), que narra el enamoramiento de un hombre casado por una mujer que lo *rechaza* constantemente. Mientras Wood trabajaba haciendo *anuncios* para la televisión, comenzó a *rodar* su segundo cortometraje, 'Reunión de familia' (1994). Con este corto tuvo un gran *éxito*, *ya que* se exhibió en el Festival Internacional de Cine de Viña del Mar y fue la primera producción chilena en participar en el Festival Internacional de Cortometrajes de Clermont-Ferrand, en Francia. Este sería el preludio a una exitosa carrera en la que el director ha llegado a ganar numerosos premios.

3 Su éxito llegaría con el *estreno* de 'Historias de fútbol' (1997), largometraje *reconocido* tanto a nivel nacional como internacional. El filme fue seleccionado para su proyección en el Festival Internacional de Cine de San Sebastián y recibió numerosos premios y *reconocimientos* en los festivales de cine de Huelva, Gramado, Cartagena, Asunción, Trieste y Taipéi. Gracias a esta película, Andrés Wood se convirtió en un referente del *costumbrismo* chileno, ya que a través de un deporte tan popular como el fútbol refleja la historia de tres personas que viven en Calama (al norte del país), Santiago y la isla de Chiloé.

4 A lo largo de sus películas y series Andrés Wood *destaca* por su interés en los dramas sociales mediante el reflejo de la vida latinoamericana tanto en el ámbito rural como en el urbano; también se interesa por temas políticos relacionados con personalidades chilenas. Así, destacan películas como 'La fiebre del loco' (2001), premiada en diferentes festivales de cine; 'La buena vida' (2008), ganadora de un Goya a la mejor película hispanoamericana; 'Violeta se fue a los cielos' (2011), película muy premiada y de la que *sobresale* el Gran Premio Internacional del Jurado en el Festival de Cine de Sundance o 'Araña' (2019), nominada a los Premios Goya.

1 **DE ASCENDENCIA ESCOCESA** schottischer Abstammung – **el ámbito** Bereich

2 **el cortometraje** Kurzfilm – **rechazar** ablehnen; zurückweisen – **el anuncio** Werbespot – **rodar** drehen – **el éxito** Erfolg – **ya que** denn; da

3–4 **el estreno** (Film)premiere – **reconocido/-a** anerkannt – **el reconocimiento** Auszeichnung – **el costumbrismo** <Genre> Kostumbrismus; Schilderung der Sitten und Gebräuche einer Gesellschaft – **destacar** herausragen – **sobresalir** herausragen

Los protagonistas *de 'Machuca' son Gonzalo, Silvana y Pedro. A través de los tres jóvenes el espectador descubre las consecuencias de la tensión creciente en el Chile de 1973 hasta el golpe de Estado de Augusto Pinochet.* | Foto: *Picture Alliance/Mary Evans Picture Library*

'Machuca'

Por David Capuchino Santos

1 'MACHUCA' es una película *estrenada* en 2004 y dirigida por el chileno Andrés Wood. La historia *transcurre* en el Chile de 1973, unos días antes del *golpe de Estado* de Pinochet. El padre McEnroe (Ernesto Malbrán) es el director del colegio St. Patrick's, que se encuentra en San Patricio, uno de los mejores barrios de Santiago de Chile. El padre empieza a traer al colegio chicos de barrios pobres con la intención de que se eduquen en un ambiente sin discriminación. Uno de estos chicos es Pedro Machuca (Ariel Mateluna), que hace amistad con el *colegial* Gonzalo Infantes (Matías Quer). El círculo de amigos lo completa Silvana (Manuela Martelli), una amiga de Pedro que también se hace muy amiga de Gonzalo.

2 Andrés Wood muestra la historia desde el punto de vista de los jóvenes protagonistas los días previos al golpe de Estado. A través de las escenas en casa de Gonzalo, de Pedro o en los barrios de ambos chicos se ven las diferencias sociales entre ambos adolescentes. *Sin embargo*, la importancia de la película reside en los momentos previos al golpe de Estado *perpetrado* por Augusto Pinochet contra el Gobierno de Unidad Popular, que acabó con el *suicidio* del presidente electo Salvador Allende. Las escenas de amistad protagonizadas por Gonzalo y Pedro nos hacen también *testigos* directos del aumento de la tensión en las calles entre el Movimiento de Izquierda Revolucionaria (MIR) y el Frente Nacionalista Patria y Libertad (FNPL); las diferencias de opiniones políticas entre las familias *acomodadas* y las familias con menos *recursos*; el clasismo y la discriminación que *sufrían* las familias *de origen humilde* como la de Pedro Machuca.

3 El largometraje nos muestra qué *papel* jugó la *prensa* escrita en una polarización ideológica que se producía también en el propio *seno familiar*. Así, por ejemplo, se puede *apreciar* la *fricción* en la familia de Gonzalo, ya que Patricio Infante (Francisco Reyes) tiene una visión totalmente distinta del mundo a la que tiene su mujer, María Luisa Infante (Aline Küppenheim).

4 'Machuca' recibió numerosos premios entre los que *destacan* el del Festival Internacional de Cine de Viña del Mar a la mejor película, así como una nominación a los Premios Goya a la mejor película extranjera de habla hispana. Estos premios son un *reconocimiento* al trabajo del director chileno que, en palabras de Matías Quer en una *entrevista* de 2019 al periódico chileno 'La Tercera', "fue muy bueno en mostrar la complejidad del tema: dos Chile en tensión. La película es *equilibrada*, porque en temas políticos es muy fácil caer en un lado o en otro. En este sentido, 'Machuca' *trata de* mostrar (...) la complejidad del asunto desde la mirada más *inocente* y de descubrimiento de los niños".

1 **ESTRENAR** zum ersten Mal zeigen – **transcurrir** spielen – **el golpe de Estado** (Militär)putsch – **el/la colegial/a** Schüler/in
2 **sin embargo** dennoch – **perpetrar** begehen – **el suicidio** Selbstmord – **el/la testigo** Zeuge/-in – **acomodado/-a** wohlhabend – **los recursos** finanz. Mittel – **sufrir** erleiden – **de origen humilde** einfacher Herkunft
3-4 **el papel** Rolle – **la prensa** Presse – **en el seno familiar** im Schoße der Familie – **apreciar** wahrnehmen – **la fricción** Reibung – **destacar** hervorstechen – **el reconocimiento** Anerkennung – **la entrevista** Interview – **equilibrado/-a** ausgewogen – **tratar de** versuchen zu – **inocente** unschuldig

Estreno: 2004 • **Duración:** 121 min • **País:** Chile • **Director:** Andrés Wood • **Guion:** Andrés Wood, Eliseo Altunaga, Roberto Brodsky, Mamoun Hassan • **Música:** Miguel Miranda, José Miguel Tobar • **Fotografía:** Miguel I. Littin Menz • **Producción:** Wood Producciones, Tornasol Films • **Género:** Drama histórico • **Reparto:** Ariel Mateluna, Matías Quer, Manuela Martelli, Aline Küppenheim, Francisco Reyes, Ernesto Malbrán, Alejandro Trejo, Federico Luppi, Luis Dubó, Tamara Acosta, Andrea García-Huidobro, Tiago Correa, Alejandro Trejo, Gabriela Medina, Pablo Krögh, Aldo Parodi, Alejandro Goic Jerez, Francisca Imboden, Sebastián Trautmann

Nivel: C1 | Disponible en DVD

Antes de ver la película

1. **¿Qué sabes sobre el golpe de Estado contra el Gobierno de Salvador Allende en 1973? Comentad el tema en grupo y recoged algunas ideas en vuestro cuaderno. Tened en cuenta las siguientes cuestiones.**

- Motivos del golpe: situación social y política.
- Tensión y división en la sociedad.
- Consecuencias.

Anotad ideas importantes propias y de los compañeros para poder entender mejor la película.

Después de ver la película

2. **Busca el significado de las siguientes expresiones y escríbelo en tu cuaderno. Indica también qué palabras se usan de forma coloquial.**

el/la roto/-a • el chancho • huevón/-ona • pucha • pituco/-a • milico/-a • momio/-a

3. **Las diferencias sociales son uno de los factores más importantes de esta película. ¿En qué escenas se puede apreciar? Formad un grupo de cuatro personas y comentadlo. Elegid una de las escenas que más os haya llamado la atención y describid en vuestro cuaderno las diferencias que veis entre los protagonistas de la película.**

4. **Escribe en tu cuaderno junto con un/a compañero/-a un reencuentro entre Gonzalo y Pedro diez años después. Tened en cuenta los siguientes aspectos.**

- Escribid el diálogo y describid el espacio en el que se desarrolla; añadid gestos, ruidos, etc. para crear ambiente.
- Si es necesario, podéis incorporar otros personajes de la película para que participen en la escena.
- Interpretad el diálogo ante vuestros compañeros.

5. **En grupo, contestad a las siguientes preguntas para escribir una reseña de la película.**

- ¿Cuál es el argumento y el tema central de la película?
- ¿Creéis que las actitudes de los personajes se ajustan a la realidad?
- ¿Qué aspectos de la película y qué personajes os han llamado más la atención?
- ¿Qué os ha parecido personalmente la película? ¿Os ha gustado? ¿Por qué (no)?
- ¿Qué escenas os gustan más? ¿Cuáles menos?

Guillermo del Toro

Guillermo del Toro *es el director mexicano con mayor proyección internacional. Además de destacar por su labor de dirección, el mexicano ha trabajado como guionista, productor y novelista.* | Foto: *Picture Alliance*

Por David Capuchino Santos

1 GUILLERMO DEL TORO, nacido en Guadalajara (México) el 9 de octubre de 1964, es el director mexicano con mayor proyección internacional. Además de su labor dirigiendo películas, Del Toro ha trabajado como *guionista*, productor y novelista. Desde pequeño el director mexicano sentía fascinación por los monstruos y por el cine, por lo que desde entonces ya experimentaba con la cámara de su padre. Una conocida anécdota de la vida del director es que cuando tenía diez años *se escondió en* un armario con la cara pintada de colores, una larga *bata* negra y *colmillos* de plástico, y esperó a su hermana durante una hora para *asustarla*. *Debido a* su pasión por los cómics, los ambientes *lúgubres* y el cine de terror, sus películas se caracterizan por la aparición de monstruos y *seres* fantásticos.

2 Cuando Del Toro terminó sus estudios de secundaria, lo tenía claro: quería trabajar en el mundo del cine. Así, el joven Guillermo empezó a estudiar en el Centro de Investigación y Estudios Cinematográficos de la Universidad de Guadalajara. *Conscientes de* su creatividad, sus padres, Federico del Toro Torres –*empresario*– y Guadalupe Gómez –actriz–, le animaron a especializarse en el cine. De este modo, Del Toro dio sus primeros pasos como profesional dentro del mundo de los efectos especiales y el *maquillaje*, tarea a la que *se dedicó* diez años. Mientras tanto, también hizo algunas producciones para la televisión mexicana, *cofundó* el Festival Internacional de Cine en Guadalajara (FICG) y, además, trabajó por primera vez como productor ejecutivo en la película 'Doña Herlinda y su hijo' (1985). Estas experiencias le sirvieron para *rodar* sus primeros cortometrajes, 'Doña Lupe' (1986) y 'Geometría' (1987).

3 Después, el director mexicano rodó su primer largometraje, 'Cronos' (1993), una película de vampiros *galardonada* con el premio Mercedes-Benz en el Festival de Cannes y con cinco premios Ariel –mejor ópera prima, mejor *argumento original*, mejor *guion*, mejor director y el Ariel de Oro–. Unos años más tarde dio el salto a Hollywood, donde rodó la película 'Mimic' (1997). La aventura en Estados Unidos no le gustó demasiado y, aunque dirigió más largometrajes hollywoodenses como 'Blade II' (2002), 'Hellboy' (2004), 'Pacific Rim' (2013) o su último *éxito*, 'La forma del agua' (2017), Del Toro regresó a México. Combinó su trabajo en Hollywood con otras películas que tocan temas históricos sin perder la fantasía y su *sello* original.

4 Del Toro no ha dejado de participar en películas de habla hispana, sobre todo como productor en películas como 'Crónicas' (2004), 'El orfanato' (2007) o 'Biutiful' (2010). Y no se ha dedicado solo a su faceta de director, sino que ha llevado a cabo otros proyectos como, por ejemplo, su primera trilogía de novelas coescrita con el autor estadounidense Chuck Hogan: la 'Trilogía de la oscuridad', que *consta de* 'Nocturna' (2009), 'Oscura' (2010) y 'Eterna' (2011). Por otra parte, después de varios intentos *fallidos*, Del Toro participó en el *desarrollo* del videojuego 'Death Stranding' (2019).

1 **EL/LA GUIONISTA** Drehbuchautor/in – **esconderse en** sich verstecken in – **la bata** Umhang – **el colmillo** Eckzahn – **asustar** erschrecken – **debido a** wegen; aufgrund von – **lúgubre** düster – **el ser** Wesen

2 **consciente de** bewusst – **el/la empresario/-a** Unternehmer/in – **el maquillaje** h.: Maske – **dedicarse a algo** sich etw. widmen – **cofundar** mitbegründen – **rodar** drehen

3 **galardonar** auszeichnen – **el argumento original** Originaldrehbuch – **el guion** Drehbuch – **el éxito** Erfolg – **el sello** h.: Handschrift

4 **constar de** bestehen aus – **fallido/-a** gescheitert – **el desarrollo** Entwicklung

Cine histórico y fantástico: 'El laberinto del fauno'

Por David Capuchino Santos

1 *AMBIENTADA en* la España de posguerra de 1944, la película 'El laberinto del fauno' *se estrenó* en 2006 y ha sido hasta la fecha la obra maestra de Guillermo del Toro. El argumento, el reparto, el maquillaje y los efectos especiales son muy importantes en esta película, en la que *se entrelazan* dos historias. Ofelia (Ivana Baquero), una niña de 11 años, y su madre Carmen (Ariadna Gil), que está *embarazada*, llegan a un pequeño pueblo al que *ha sido destinado* el nuevo marido de Carmen, el capitán Vidal (Sergi López). Este tiene como misión acabar con el maquis, los guerrilleros de resistencia contra el *recién instaurado* franquismo, que actúan escondidos desde el monte.

2 En 'El laberinto del fauno' se enlaza el mundo real con un mundo imaginario que crea Ofelia para *tratar de* afrontar mediante la fantasía los horrores de la guerra y la posguerra. A través de los ojos de esta niña podemos acercarnos a la *angustia* de la posguerra y la represión del franquismo. Sin olvidar que es una película, esta se acerca de forma *divulgativa* al momento histórico que le *ocupa* sin olvidar la resistencia, la represión o la problemática de las *cartillas de racionamiento*.

3 Con Ofelia conocemos un mundo de buenos y de malos: los buenos, como el *ama de llaves* Mercedes (Maribel Verdú), que *se encarga de cuidar* a Ofelia y a su hermano en los momentos en los que la madre no puede; también el doctor Ferreiro (Álex Angulo), que se encarga de ayudar en lo que puede a Mercedes y es más *piadoso* que el capitán. Vidal *encarna sin duda* el papel de malo, al ser una persona *cruel* y sin escrúpulos que solo piensa en sí mismo y que, además, abusa de su autoridad al pertenecer al *bando* ganador de la guerra civil.

4 Además de la historia, los puntos fuertes de esta película son el maquillaje, la puesta en escena y la música, con los que se *logra* recrear el ambiente de la época. En concreto, la música nos acompaña en el viaje de lo real a la fantasía de Ofelia. *Cabe destacar* el trabajo de maquillaje sobre el actor Doug Jones, que representa a dos monstruos en esta película y al que *apenas* se le reconocen sus *facciones*. La película se hizo con tres premios Óscar, siete Goyas, tres BAFTA (British Academy Film Award) e incontables galardones de otras instituciones, lo que supuso una *recompensa* más que *merecida* al trabajo de Guillermo del Toro.

El laberinto del fauno *se considera un clásico del cine en español por mezclar fantasía y hechos históricos de la posguerra.* | Foto: *Picture Alliance/Everett Collection*

0–1 **'EL LABERINTO del fauno'** dt. Titel: 'Pans Labyrinth' – **ambientado/-a en** angesiedelt in – **estrenarse** Premiere haben – **entrelazarse** sich verflechten – **embarazada** schwanger – **destinar** versetzen – **recién** kürzlich – **instaurar** begründen

2 **tratar de** versuchen zu – **la angustia** Angst; Beklemmung – **divulgativo/-a** h.: informativ – **ocupar** einnehmen – **la cartilla de racionamiento** Lebensmittelkarte

3 **el** (fem.) **amo/-a de llaves** Haushälter/in – **encargarse de** übernehmen – **cuidar** pflegen; sich kümmern um – **piadoso/-a** gutherzig – **encarnar** verkörpern – **sin duda** zweifellos – **cruel** grausam – **el bando** Seite

4 **lograr** schaffen – **cabe destacar (...)** es ist zu betonen (...) – **apenas** kaum – **las facciones** (Pl.) Gesichtszüge – **la recompensa** Belohnung – **merecer** verdienen

Estreno: 2006 • **Duración:** 119 min • **País:** España, México • **Director:** Guillermo del Toro • **Guion:** Guillermo del Toro • **Música:** Javier Navarrete • **Fotografía:** Guillermo Navarro • **Producción:** Estudios Picasso, OMM, Tequila Gang, Telecinco, Sententia Entertainment, Esperanto Filmoj • **Género:** Fantasía. Drama. Suspense • **Reparto:** Ivana Baquero, Ariadna Gil, Sergi López, Maribel Verdú, Doug Jones, Álex Angulo, Federico Luppi, Roger Casamajor, Fernando Tielve, Pepa Pedroche, José Luis Torrijo, Iván Massagué, César Vea, Eusebio Lázaro, Francisco Vidal, Gonzalo Uriarte, Lina Mira, Mario Zorrilla, Sebastián Haro, Juanjo Cucalón, Ana Sáez, Milo Taboada, Lalá Gatóo, Pedro G. Marzo, Fernando Albizu, Íñigo Garcés, Chani Martín, Chicho Campillo

Nivel: B2 | Disponible en Amazon Prime

Antes de ver la película

1. **Describe el cartel de la película. Si necesitas más espacio, usa tu cuaderno.**

| Foto: *Picture Alliance/Everett Collection*

Después de ver la película

2. **¿Qué tres pruebas le dice el fauno a Ofelia que tiene que cumplir? Recuerda los detalles más importantes de las pruebas y escríbelos en tu cuaderno. ¿Qué te parecen las pruebas? ¿Serías capaz de superarlas todas?**

3. **Observa los siguientes fotogramas y escribe en tu cuaderno a qué momento de la película pertenecen.**

a) 

b) 

c) 

d) 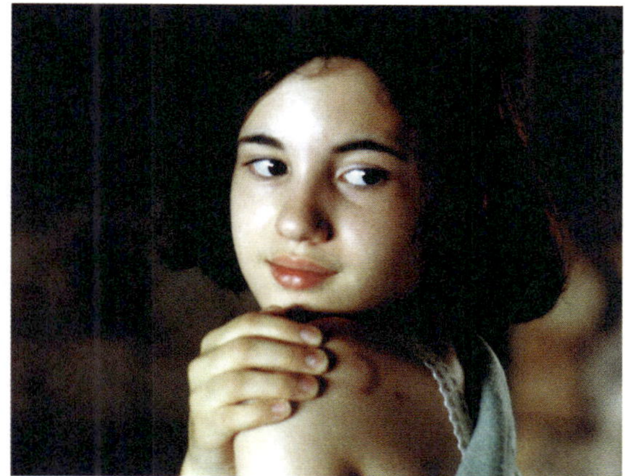

| Fotos: *Picture Alliance/Everett Collection/Mary Evans Picture Library*

4. **Investiga junto con un/a compañero/-a sobre el contexto histórico en el que se desarrolla la película (1944) y juntos contestad en vuestro cuaderno a las siguientes cuestiones.**

- ¿Qué importancia tiene el contexto para el desarrollo de la acción?
- ¿Crees que esta película se podría haber hecho en otro momento histórico?

5. **Debate en grupo o escribe un texto en tu cuaderno sobre la película donde des respuesta a las siguientes cuestiones. Razona tus respuestas.**

- ¿Cuál es el argumento de la película?
- ¿Qué temas presenta el director?
- ¿Ha despertado la película tu interés por la época en la que se desarrolla?
- ¿Qué te ha parecido personalmente la película?
- ¿Qué escena o personaje te gusta más?

| Foto: *Getty Images*

Historia

- *'La trinchera infinita',* de Jon Garaño, Jose Mari Goenaga, Aitor Arregi
- *'Araña',* de Andrés Wood
- *'La larga noche de Francisco Sanctis',* de Andrea Testa y Francisco Márquez
- *'Cuéntame cómo pasó',* de Agustín Crespi, Antonio Cano y Óscar Aibar
- *'El fin de ETA',* de Justin Webster

'La trinchera infinita'

'La trinchera infinita' *(Netflix) dirigida por el trío Jon Garaño, Aitor Arregi y Jose Mari Goenaga cuenta la historia de un hombre escondido durante tres décadas por miedo a ser detenido y ejecutado durante el franquismo.* | FOTO: *Getty Images/ Europa Press*

POR JANINA PÉREZ ARIAS

1 ¿TE IMAGINAS vivir *escondido* en tu propia casa? ¿Tener que *hablar en susurros* o guardando silencio en la *penumbra*, viviendo como un *fantasma*, al punto de escuchar cómo la gente en la calle se refiere a ti como si estuvieras muerto? Con el transcurrir del tiempo, ¿cómo sería verte en el espejo para *constatar* que la piel *se* te *ha arrugado*, que el pelo *ha encanecido*, y todo esto sin ver con tus propios ojos cómo ha cambiado tu barrio ni el mundo?

2 Tras el *estallido* de la guerra civil española hubo gente que se vio en la *necesidad* de vivir en estas condiciones. Algunos sobrevivieron, otros murieron en sus *escondrijos*. Con la *ley de amnistía promulgada* durante la dictadura franquista en 1969 se exculpó a quienes *estaban fichados* como criminales de guerra. Fue entonces cuando salieron a la luz los llamados '*topos* de la posguerra', personas que se habían escondido en sus propias casas por *temor* a las represalias del franquismo. Eran cientos de personas, *repartidas* por toda España, que habían vivido *ocultas* desde 1936.

3 'La trinchera infinita', *dirigida* por Jon Garaño, Aitor Arregi y Jose Mari Goenaga, cuenta precisamente las vivencias de un topo que vivió escondido en su casa desde 1936 hasta 1969, año de la amnistía. Los directores *se apoyan en* hechos reales para narrar la historia de Higinio (Antonio de la Torre), *recién* casado con Rosa (Belén Cuesta), quien al *ser denunciado* por su vecino Gonzalo (Vicente Vergara), se ve en la necesidad de *convertirse en* un topo, permaneciendo primero *agazapado* en un improvisado agujero *cavado* en su propia casa.

4 Para los habitantes de ese *remoto* pueblo andaluz la *ausencia* de Higinio tiene varias explicaciones. Dependiendo de la percepción y *afinidad* política de cada habitante de esa población, Rosa pasa a ser la mujer de un desaparecido, de un criminal de guerra, de un *huido*, de un caído; *quizás* una *viuda* de las tantas que dejaría la guerra. Algunos vecinos se muestran solidarios con Rosa; en diferentes *medidas* comparten el miedo, así como también las *carestías* de la guerra, y luego la represión de la dictadura. Rosa nunca contará a sus vecinos la verdad, exceptuando al padre de Higinio, quien vive en la misma localidad.

5 Gonzalo es otro tipo de vecino. *Se trata de* un hombre *vengativo*, violento y sobre todo *delator* y profranquista. A lo largo de esos 33 años, siempre se mantendrá al *acecho* porque *sospecha* que Rosa oculta algo (o a alguien). *Mudarse* a la casa del padre de Higinio, tras construir un nuevo escondite más amplio y cómodo, y a unas calles de distancia de Gonzalo, no ayuda a disminuir las sospechas del *siniestro* vecino. Gonzalo no solo alimenta el temor en Rosa e Higinio, también inspira pánico en los *espectadores*.

6 Mientras *afuera* transcurre una guerra que luego le abrirá paso a la *cruenta* dictadura franquista, en su escondite, Higinio ve pasar su vida. El espectador se queda con Higinio, y como él, no volverá a salir durante todo ese tiempo. Higinio no *se entera de* lo que *ocurre* más allá de las paredes de su casa, se construye la idea del mundo exterior con la ➲

0–1 **'LA TRINCHERA INFINITA'** dt. Titel: 'Der endlose Graben' – **escondido/-a** versteckt; verborgen – **hablar en susurros** flüstern – **la penumbra** Halbdunkel – **el fantasma** Geist – **constatar** feststellen – **arrugarse** faltig werden – **encanecer** ergrauen

2 **el estallido** Ausbruch – **la necesidad** Notwendigkeit – **el escondrijo** Versteck – **la ley de amnistía** Amnestiegesetz – **promulgar** erlassen – **estar fichado/-a** vorbestraft sein – **el topo** Maulwurf – **el temor** Angst; Befürchtung – **repartir** verteilen – **oculto/-a** versteckt

3 **dirigir** h.: Regie führen – **apoyarse en** sich stützen auf – **recién** soeben; frisch – **denunciar** denunzieren – **convertirse en** sich verwandeln in – **agazapado/-a** versteckt – **cavar** graben

4 **remoto/-a** abgelegen – **la ausencia** Abwesenheit – **la afinidad** Affinität – **el/la huido/-a** Geflohene/r – **quizá(s)** möglicherweise – **el/la viudo/-a** Witwe/r – **la medida** (Aus)maß – **la carestía** Mangel; Not

5 **tratarse de** sich handeln um – **vengativo/-a** rachsüchtig – **delator/a** denunziatorisch – **el acecho** Lauer – **sospechar** verdächtigen – **mudarse** umziehen – **siniestro/-a** böse; maliziös – **el/la espectador/a** Zuschauer/in

6 **afuera** draußen – **cruento/-a** blutig – **enterarse de** erfahren von – **ocurrir** geschehen –

ayuda de lo que escucha en la radio o lee en la *prensa*; con lo que le cuentan Rosa o el hijo que tendrán, *ya que* el deseo de la maternidad también llegará. Con Higinio sentimos la *opresión* del encierro, su *vulnerabilidad*, la impotencia de no ser de mucha ayuda en la vida diaria, la *humillación* de no poder proteger a su familia, como también su lucha contra la *locura*. Y con Rosa sentimos la soledad, pero también la increíble fortaleza de una mujer que con su trabajo de *costurera logra* salir adelante.

7 'La trinchera infinita' es una vibrante e intensa historia. Es un filme extraordinario desde todos los puntos de vista, que no se centra en el contexto político sino en el *nexo* entre Rosa e Higinio, en el amor y la resistencia que les *sostendrán* durante esas décadas de encierro, y que les ayudarán a ambos a *enfrentarse a* sus miedos hasta por fin *doblegarlos*.

Revista de la Prensa 10-05-2020

Janina Pérez Arias es periodista especializada en cine y televisión, escribe para diferentes medios en Latinoamérica y España.

---

la prensa Presse – **ya que** denn; weil – **la opresión** Beklemmung – **la vulnerabilidad** Verletzlichkeit – **la humillación** Beschämung – **la locura** Wahnsinn – **el/la costurero/-a** Schneider/in – **lograr** schaffen

7 **el nexo** Verbindung – **sostener** stützen; halten – **enfrentarse a algo** sich etw. stellen – **doblegar** h.: überwinden; unterkriegen

Estreno: 2019 • **Duración:** 147 min • **País:** España • **Director:** Aitor Arregi, Jon Garaño, Jose Mari Goenaga • **Guion:** Luiso Berdejo, Jose Mari Goenaga • **Música:** Pascal Gaigne • **Fotografía:** Javier Aguirre • **Producción:** Irusoin, Moriarti Productions • **Género:** Drama • **Reparto:** Antonio de la Torre, Belén Cuesta, Vicente Vergara, José Manuel Poga, Emilio Palacios, Adrián Fernández, Nacho Fortes, Marco Cáceres, Joaquín Gómez, Esperanza Guardado, Antonio Romero, Óscar Corrales, Enrique Asenjo, Arturo Vargas, Estefanía Rueda, Íñigo Núñez, Manuel Domínguez

Nivel: **C1 – C2** | Disponible en Netflix

Antes de ver la película

EJERCICIOS

1. **¿Qué es una trinchera? Si es necesario, usa un diccionario. ¿Por qué piensas que el título de la película es 'La trinchera infinita'? Si estás en clase, coméntalo con tu compañero/-a.**

2. **Describe el cartel de la película y di quiénes pueden ser las personas que aparecen en él. Si necesitas más espacio, usa tu cuaderno.**

| FOTO: *Picture Alliance/Everett Collection*

Después de ver la película

3. Ordena los siguientes fotogramas cronológicamente. Escribe a qué momento de la película corresponden en tu cuaderno.

| FOTOS: *Picture Alliance/Everett Collection*

4. **Contesta a las siguientes preguntas sobre la película en tu cuaderno. Si estás en clase, compara tus respuestas con las de tus compañeros/-as.**

a) ¿De qué acusa Gonzalo a Higinio?
b) ¿Cuál es el sueño de Rosa?
c) ¿Qué le ocurre a Higinio cuando Rosa se va a casa de su prima?
d) ¿Qué opinión tiene Higinio de la II República?
e) ¿Qué hacen Higinio y Rosa cuando anuncian la amnistía?

5. **Relaciona las siguientes palabras de la película con su significado. Si es necesario, usa un diccionario.**

campeada • detención • peligro • encerrar • salir • década • apartado • cambiar

a) Riesgo o contingencia inminente de que suceda algún mal. ______________

b) Retirado, distante, remoto. ______________

c) Privación de libertad, ordenada por la autoridad competente. ______________

d) Salida repentina, expedición súbita en son de algarada. ______________

e) Periodo de diez años. ______________

f) Modificarse la apariencia, la condición o el comportamiento. ______________

g) Meter a algo o alguien en un lugar del que no pueda salir. ______________

h) Pasar de dentro afuera. ______________

6. **Debate en grupo o escribe un texto en tu cuaderno sobre la película donde des respuesta a las siguientes cuestiones. Razona tus respuestas.**

- ¿Cuál es el argumento de la película?
- ¿Qué te ha parecido personalmente la película?
- ¿Qué te ha parecido el final de la película? ¿Te parece realista?
- ¿Qué escena o personaje te gusta más? ¿Por qué?

'Araña'

Por Janina Pérez Arias

1 ÚLTIMAMENTE las noticias que nos llegan de Chile no son las mejores. En el país que exportaba la marca de 'la esperanza de América Latina' y del '*milagro económico*' se ha producido un *estallido* social. *Anticipándose a* ese *acontecimiento*, una vez más el cine hizo de profeta con la película 'Araña'. *Dirigida* por Andrés Wood, en este filme *se entrelaza* el pasado con el presente. María Valverde y Mercedes Morán interpretan a Inés; Pedro Fontaine y Marcelo Alonso *encarnan* a Gerardo, y Gabriel Urzúa y Felipe Armas *asumen* el rol de Justo. La excelencia del *reparto* contribuye a darle aún más brillo a esta historia que deja en el espectador una sensación de perplejidad y mal sabor de boca.

2 A inicios de los años 70, el movimiento paramilitar de ultraderecha Patria y Libertad intenta desestabilizar el gobierno de Salvador Allende. A este violento grupo pertenecen la *pareja* de clase *acomodada* compuesta por Inés y Justo, así como Gerardo, un joven *de origen humilde* que al parecer no tiene nada que perder. Conforman un trío inseparable que pronto *se convertirá* también *en* un triángulo amoroso. Tras *cometer* un crimen que *allanará* el camino para la instauración de la dictadura militar de Augusto Pinochet, Gerardo desaparece. Cuarenta años más tarde, Justo e Inés siguen juntos, viven en una *casona* que denota su excelente posición social, no *en vano* Inés figura como una poderosa mujer de negocios. *De repente* reaparece Gerardo, y con él el pasado que les une.

3 Andrés Wood y el *guionista* Guillermo Calderón se basan en hechos reales, *ya que* el Frente Nacionalista Patria y Libertad existió entre 1971 y 1973. Tal como se expone en 'Araña', con la llegada de la dictadura pinochetista, sus miembros *se diluyeron en* la sociedad. La pregunta de partida de esta historia es: ¿dónde están aquellos jóvenes que *fervientemente auparon* las *banderas* del nacionalismo y de la ultraderecha en la época del socialista Salvador Allende? En 'Araña' se exponen la complejidad y variedad de motivaciones de los miembros de ese grupo, para traerlos al aquí y ahora. El *destino* de esos personajes son claros ejemplos del panorama de la sociedad chilena actual: dos de ellos disfrutan del poder y de todas las *amenidades* de la clase *pudiente* (Inés y Justo), mientras que el tercero (Gerardo) continúa alimentando su *odio*. Eso sí, en cierto modo los tres siguen *empuñando* la bandera del nacionalismo y de la ultraderecha, *descaradamente* o con toda la discreción.

María Valverde, *Pedro Fontaine, Mercedes Morán y Andrés Wood durante el estreno de 'Araña' en el Festival Internacional de Cine de San Sebastián.* | Foto: *Picture Alliance/agefotostock*

4 Más que sorprender, duele *corroborar* la fragilidad de la sociedad chilena, de cómo la *carcome* la *impunidad* de crímenes del pasado y del presente, y de cómo el odio, el clasismo y la xenofobia se hacen cada vez más visibles. Que una película como 'Araña' exponga a corazón abierto todos los males que *afectan* a Chile es también una buena oportunidad para que otras sociedades se vean reflejadas, y más en estos tiempos cuando las *aberraciones* de la ultraderecha *están camelando* a los más *incautos*.

Revista de la Prensa 10-03-2020

Janina Pérez Arias es periodista especializada en cine y televisión, escribe para diferentes medios en Latinoamérica y España.

0–1 **LA ARAÑA** Spinne – **el milagro económico** Wirtschaftswunder – **el estallido** Ausbruch; Explosion – **anticiparse a algo** etw. zuvorkommen – **el acontecimiento** Ereignis – **dirigir** h.: Regie führen – **entrelazarse** sich verflechten – **encarnar** verkörpern – **asumir** übernehmen – **el reparto** Besetzung

2 **la pareja** Paar – **acomodado/-a** wohlhabend – **de origen humilde** einfacher Herkunft – **convertirse en** sich entwickeln zu – **cometer** begehen – **allanar** ebnen – **la casona** alte Villa – **en vano** umsonst – **de repente** plötzlich

3 **el/la guionista** Drehbuchautor/in – **ya que** denn – **diluirse** sich auflösen – **fervientemente** eifrig; begeistert – **aupar** hochhalten; erheben – **la bandera** Flagge; h.: <fig.> Ideologie – **el destino** Schicksal – **la amenidad** Annehmlichkeit – **pudiente** wohlhabend – **el odio** Hass – **empuñar** h.: festhalten an – **descaradamente** unverfroren; offen

4 **corroborar** bestätigen – **carcomer** untergraben – **la impunidad** Straflosigkeit – **afectar** angehen; betreffen – **la aberración** Verirrung; schwerer Irrtum – **camelar** verführen – **el/la incauto/-a** Naive/r

i **Estreno:** 2019 • **Duración:** 100 min • **País:** Chile, Argentina • **Director:** Andrés Wood • **Guion:** Andrés Wood, Guillermo Calderón • **Música:** Antonio Pinto • **Fotografía:** Miguel I. Littin-Menz • **Producción:** Bossa Nova Films, Magma Cine, Wood Producciones • **Género:** 'Thriller' político • **Reparto:** Mercedes Morán, María Valverde, Marcelo Alonso, Pedro Fontaine, Felipe Armas, Gabriel Urzúa, Caio Blat, María Gracia Omegna, Mario Horton, Jaime Vadell, Benjamin Westfall

Nivel: B2 – C1 | Disponible en DVD

Después de ver la película

1. En grupos de cuatro haced un esquema o un mapa conceptual sobre el contexto histórico en el que se desarrolla la película. Tened en cuenta las siguientes cuestiones. Si lo necesitáis, usad las líneas de abajo para tomar notas.

- ¿Qué sucesos históricos importantes para Chile acontecen antes de la acción de la película?
- ¿Qué problemas existían en la sociedad chilena en el momento histórico en el que se desarrolla la película?
- ¿Cómo se desarrolló el golpe de Estado al Gobierno de Salvador Allende? ¿Qué consecuencias tuvo para la sociedad chilena?

2. Lee las siguientes descripciones y escribe el nombre del personaje de la película al que corresponden.

a) Se trata de una persona inteligente y fuerte que hace lo que sea para conseguir sus fines y mantener su posición.

b) Es un personaje que teme a su pasado, ya que ha cometido algunos actos cuestionables y ha utilizado a algunas personas para conseguir sus fines a lo largo de su vida.

c) Es una persona que va siendo traicionada a lo largo de la película y que tiene sus ideas muy claras. Tiene un carácter violento.

d) Este personaje es muy inteligente y sensible; muestra su fortaleza para hacerse valer.

e) Es una persona que teme que el pasado de sus familiares se vuelva en su contra.

3. ¿Cómo describirías a los personajes principales de la película? ¿Estás de acuerdo con las descripciones anteriores? ¿Cómo evolucionan estos personajes desde que eran jóvenes? Coméntalo con tu compañero/-a y escribid juntos vuestras conclusiones. Si necesitáis más espacio, usad vuestro cuaderno.

4. Responde a las siguientes preguntas sobre la película en tu cuaderno. Si estás en clase, compara tus respuestas con las de tus compañeros.

a) ¿A qué se dedica Inés en la actualidad?

b) ¿Qué le ocurre a Justo cuando se entera de que Gerardo está de nuevo en Chile?

c) ¿Qué dice Inés sobre Alemania ante los periodistas alemanes?

d) Según Justo, ¿qué razones tiene Gerardo para volver?

e) ¿Qué relación tenían Inés y Gerardo en su juventud?

f) ¿Dónde se conocieron Gerardo, Justo e Inés?

5. Debate y contesta a las siguientes preguntas con tus compañeros y juntos exponed vuestras respuestas en grupo. Justifica tus respuestas.

- ¿Cuál es el argumento principal de la película? ¿En qué partes la dividirías?
- ¿Qué te ha parecido personalmente la película? ¿Qué escena o personaje te gusta más/menos?
- ¿Crees que las actitudes de los personajes son realistas? ¿En qué aspectos?
- Durante una escena, la joven Inés da su opinión sobre Alemania tras la caída del III Reich. ¿Qué argumentos utilizarías contra alguien que piensa así?
- ¿Qué te ha parecido el final de la película? ¿Piensas que es realista?

'La larga noche de Francisco Sanctis'

Francisco Márquez *y Andrea Testa, directores y guionistas de 'La larga noche de Francisco Sanctis'* | Foto: *Getty Images/Stephane Cardinale*

Por Janina Pérez Arias

1 EL CORAZÓN *palpita a mil*, el estómago *se encoge*. Estas son *apenas* dos sensaciones que *experimenta* el espectador en los cortos pero efectivos 78 minutos de 'La larga noche de Francisco Sanctis'. El primer *largometraje* de dos *novatos* con mucho pulso, los argentinos Andrea Testa y Francisco Márquez, que es la adaptación de la novela homónima de Humberto Costantini publicada en 1984.

2 La historia *se desarrolla* en una noche de 1977 en Buenos Aires, cuando Francisco Sanctis, interpretado por Diego Velázquez, *se debate entre alertar* o no a dos desconocidos, a quienes la policía militar los "va a ir a buscar". Vale recordar que la Argentina de aquellos años se encontraba en plena dictadura, un sistema oficialmente denominado como Proceso de Reorganización Nacional (1976–1983). En 1977 ya se habían reportado los primeros *desaparecidos*, de los más de 30.000 que dejaría la represión militar, los cuales eran personas críticas hacia el Gobierno, *adeptos* a otras ideologías políticas y religiosas, pero también quienes por *infortunio* habían estado en un lugar y una hora *equivocados*.

3 Aunque en esta película se narra una ficción, no es difícil imaginar que habrán existido personas como el personaje de este filme. Francisco Sanctis es un *oficinista*, padre de dos hijos, esposo, que vive una vida rutinaria con la esperanza de que le den un *ascenso laboral* que nunca llegará. Pero también Sanctis pertenece a la llamada 'mayoría silenciosa', aquellos que callaron *conscientes de* las *atrocidades* que *estaba cometiendo* el *recién* instaurado Gobierno.

4 Francisco Sanctis tiene un pasado *'librepensador'* y de ideales, de la época de cuando era estudiante, y tal vez inconscientemente guardó sus opiniones en el olvido, porque en su presente esas ideas podrían ser interpretadas por la dictadura como pensamientos subversivos. Cuando Elena (Valeria Lois), una antigua *compañera de estudios*, contacta con él para *encomendarle* la tarea de dar la voz de alarma a esos dos desconocidos, sin quererlo Sanctis se monta en el carrusel de la *incertidumbre* y del miedo.

5 Andrea Testa y Francisco Márquez, *directores* y *guionistas* de este filme, *logran* crear una maravillosa atmósfera de paranoia, oscuridad y *ansiedad*. En este escenario el actor Diego Velázquez transmite con éxito su *turbación* y su *angustia*. Al espectador se le hace muy fácil tomar la decisión de acompañar a Francisco Sanctis en esa larga noche, atravesando *de palmo a palmo* la *fantasmal* ciudad de Buenos Aires, sintiendo cada *punzada* en el estómago y el rápido ritmo del corazón.

Revista de la Prensa 10-01-2017

Janina Pérez Arias es periodista especializada en cine y televisión, escribe para diferentes medios en Latinoamérica y España.

1 **PALPITAR A MIL** wie verrückt pochen – **encogerse** sich zusammenziehen – **apenas** nicht einmal; nur – **experimentar** fühlen; erfahren – **el largometraje** Spielfilm – **el/la novato/-a** Neuling
2 **desarrollarse** sich abspielen – **debatirse entre** h.: hin- und hergerissen sein zwischen – **alertar** warnen – **el/la desaparecido/-a** Verschwundene/r – **el/la adepto/-a** Anhänger/in – **el infortunio** Pech – **equivocado/-a** falsch
3 **el/la oficinista** Büroangestellte/r – **el ascenso laboral** beruflicher Aufstieg – **consciente de** bewusst – **la atrocidad** Gräueltat – **cometer** begehen – **recién** neu; soeben
4 **el/la librepensador/a** Freidenker/in – **el/la compañero/-a de estudios** Kommilitone/-in – **encomendar** anvertrauen; übergeben – **la incertidumbre** Ungewissheit
5 **el/la director/a** <Film> Regisseur/in – **el/la guionista** Drehbuchautor/in – **lograr** schaffen – **la ansiedad** Beklemmung – **la turbación** Unruhe – **la angustia** Angst – **de palmo a palmo** Schritt für Schritt – **fantasmal** gespenstisch – **la punzada** Stechen

Estreno: 2016 • **Duración:** 78 min • **País:** Argentina • **Dirección:** Andrea Testa, Francisco Márquez • **Guion:** Andrea Testa, Francisco Márquez, Humberto Costantini (novela) • **Música:** Abel Tortorell • **Fotografía:** Federico Lastra • **Producción:** Pensar con las Manos • **Género:** Drama • **Reparto:** Diego Velázquez, Laura Paredes, Valeria Lois, Marcelo Subiotto, Rafael Federman

Nivel: B2 | Disponible en DVD

Antes de ver la película

1. **Relaciona las siguientes palabras argentinas que aparecen en la película con su significado.**

el/la pibe/-a • el rancho • el colectivo • ¡Dale! • el/la viejo/-a • romper las pelotas

a) Expresión que se utiliza para expresar acuerdo con algo. ______________________

b) Palabra utilizada para referirse a un/a niño/-a. ______________________

c) Expresión que se utiliza cuando algo/alguien es molesto. ______________________

d) Vivienda que se sitúa en las afueras de la ciudad. ______________________

e) Palabra utilizada para referirse a un/a padre/madre. ______________________

f) Palabra utilizada para referirse al autobús público. ______________________

2. **Describe el cartel de la película y di quiénes pueden ser las personas que aparecen en él. Si necesitas más espacio, usa tu cuaderno.**

| FOTO: *Picture Alliance*

Después de ver la película

3. **Responde a las siguientes preguntas sobre la película en tu cuaderno. Si estás en clase, compara tus respuestas con las de tus compañeros.**

a) ¿Cómo se llama la empresa en la que trabaja Francisco?

b) ¿Qué excusa utiliza Elena Vaccaro para quedar con Francisco?

c) ¿Cómo ha cambiado la vida de Elena y Francisco desde que no se ven?

d) ¿Qué tiene que memorizar Francisco?

e) ¿Qué seudónimo utilizaba Francisco en su poema?

f) ¿Cómo llega Francisco a su destino?

4. **En la película aparece un poema que Francisco escribió de joven. Leedlo en voz alta en clase y comentad el poema. ¿De qué trata? ¿Cómo es el tono del poema (serio, alegre, esperanzador…)? ¿Tiene algún mensaje? ¿Qué os parece el poema? Usad un diccionario si no entendéis todas las palabras. Si lo necesitáis, usad las líneas para tomar notas.**

"Despierta, compañera,
que las masas nos esperan.
Si insistes en dormir,
la batalla perderás.

Despierta, compañera,
y si el temor te paraliza,
piensa en la sonrisa del obrero en rebeldía".

5. **Ordena los siguientes fotogramas de la película cronológicamente.**

a) 

1 ______

b) 2 ______

c) 3 ______

d) 4 ______

e) 5 ______

| Fotos: *Picture Alliance/Everett Collection/dpa*

6. **En grupo, contestad a las siguientes preguntas para escribir una reseña de la película en vuestro cuaderno.**

- ¿Cuál es el argumento de la película?
- ¿Qué os ha parecido personalmente la película? ¿Os ha gustado? ¿Por qué (no)?
- ¿Qué sentimientos o sensaciones os transmite la película?
- ¿Creéis que la actitud del protagonista es realista? ¿En qué aspectos?
- ¿Qué os ha parecido el final?

'Cuéntame cómo pasó': entre la memoria, la realidad y el éxito

La familia Alcántara *protagoniza la serie de televisión 'Cuéntame cómo pasó'* | Foto: *Getty Images/ Jose R. Aguirre*

Por Ramon Aguiló

1 PARA QUE una serie de televisión sea exitosa y *logre* mantenerse años y años en la *parrilla* nocturna hace falta algo más que una buena historia y unos buenos *actores*. La *competencia* es muy dura, *despiadada*. Hace falta, ante todo que haya una empatía *inmediata* con el público. El *espectador curioso* debe sentirse *atrapado*, debe sentir como suya la historia que se irá contando semanalmente en el horario de máxima audiencia, en el momento (después o durante la cena) en que toda España *está frente a la 'caja tonta'*.

2 Durante los años ochenta y noventa fueron las series americanas las que *dominaron* la programación televisiva en el país. Todas ellas tenían un *manifiesto* carácter ficticio: desde '*El coche fantástico*' hasta 'Twin Peaks', lo que predominaba en ellas era el espectáculo, la acción, la *violencia*, el *misterio*, es decir, cualquier cosa menos lo que se *imaginaba* como algo sumamente aburrido: *hacer memoria* sobre la historia reciente del propio país.

España es diferente

3 Pero España, ya se sabe, es diferente. Y los *creadores* de la serie 'Cuéntame cómo pasó', que en un principio iba a llamarse 'Nuestro ayer', lo sabían también. Estos últimos comprendieron que ya había pasado el momento de los *marcianos* y las *esculturales socorristas playeras*, sabían que la sociedad española estaba en pleno proceso de búsqueda de sí misma. Tras años de silencio y de olvido, de preguntas no contestadas y *borrones* interesados, era el momento de echar una mirada atrás para saber realmente qué *había ocurrido* en aquellos años. Era el momento de *tomar conciencia del* propio pasado y de la propia historia. Era el instante de *captar* a dos generaciones distintas: la generación de españoles que vivieron todavía bajo la dictadura franquista y la nueva generación nacida más allá del año 1975, año en que murió Franco. Y así fue.

4 El 13 de septiembre de 2001, Televisión Española *emitió* el primer capítulo de 'Cuéntame'. La *acción* se situaba en una fecha *crucial* para el continente europeo entero: el turbulento mayo del 68. El lugar: Madrid. Los *protagonistas*: la familia Alcántara, una familia de clase media que tiene que adaptarse a los nuevos cambios sociales, ideológicos y políticos de la época. Como actores principales se pensó en profesionales *consagrados* y experimentados tanto en el cine como en el teatro. Entre ellos, *destacaban* Imanol Arias, Ana Duato, María Galiana o Juan Echanove. La serie obtuvo grandes niveles de audiencia desde el principio, *si bien* nadie esperaba que pudiera mantenerse en antena tanto tiempo. Hasta el día de hoy se han emitido ya 21 temporadas y no hay fin *a la vista*. *Incluso* hay quien cree que al final la serie acabará alcanzándonos.

21 temporadas

5 En estas 21 temporadas y sus más de 380 capítulos, 'Cuéntame' *ha repasado* a través de la piel de la familia Alcántara los *acontecimientos* culturales y políticos que marcaron esta etapa de la historia española, desde la *inesperada* victoria de la cantante Massiel en Eurovisión en 1968, pasando por el *atentado* a Carrero Blanco en 1973, hasta el *fracasado golpe de Estado militar* de 1981. Dicho repaso alcanzó su periodo más decisivo con la *Transición* y la llegada de la democracia, pues ahí se encuentra el *origen* de España tal y como la conocemos actualmente: durante esta fase nació la nueva *Constitución* y el país pasó de ser una dictadura fascista y nacionalcatólica a ser una monarquía parlamentaria. Sin embargo, no todo en la serie tiene este claro acento político: con la democracia llegó también a Madrid, por ejemplo, *la movida*, un tipo de cultura diferente, mucho más *desenfadada* y liberada, propiamente española, en la que todo parecía moverse, todo parecía estar *alterado*, en plena *ebullición* y constante novedad. Y a la familia Alcántara nos la hemos encontrado siempre *en medio del meollo*, *empapándose* de todo lo que ocurría en la calle: su función ha sido *paradigmática*, en ella las familias españolas ven reflejada su propia memoria, logrando así un efecto de *reconocimiento* cargado de nostalgia y melancolía.

El peso político de la serie

6 Evidentemente, el peso político de la serie ha sido una de sus principales *bazas*. 'Cuéntame' ha conseguido plasmar con absoluta *fidelidad* la *cruda* realidad del régimen franquista, incluyendo en sus capítulos la dramática *persecución* de los opositores al régimen o la organización *clandestina* de los partidos políticos de izquierda, prohibidos durante la dictadura. Tanto la realidad política como la realidad social han tenido mucha importancia en la serie y es precisamente esta realidad donde se *desarrolla* su máximo dramatismo. Su éxito *se debe*, en gran medida, *a* la excelente contextualización, a su *puesta en escena* realista, que a veces recuerda más a un documental que a una serie. Además, también se *han tratado* de modo muy cercano y natural temas polémicos y delicados, como la droga o el *cáncer*, que *a lo largo de los años* han pasado de ser tabú a estar cada vez más presentes en las familias españolas.

7 Ni que decir tiene que ha sido imposible *desbancar* a 'Cuéntame' *de* las *cimas* de máxima audiencia. Todas las *cadenas* lo han intentado hasta la *extenuación* y han acabado *desistiendo*. No han tenido respuesta alguna. Se *han rendido*. Han tenido que *ceder* ante la fuerza de este cuento que engancha semanalmente a 5 millones de españoles. Un relato muy real que *pone de manifiesto* el triunfo de la memoria y la *necesidad* aparentemente existente en millones de españoles de mirar más hacia atrás que hacia el futuro.

Revista de la Prensa 15-08-2013
Actualizado 20-04-2021

0–1 **EL ÉXITO** Erfolg – **lograr** schaffen – **la parrilla** h.: Fernsehangebot – **el actor/la actriz** Schauspieler/in – **la competencia** Konkurrenz – **despiadado/-a** unbarmherzig; schonungslos – **inmediato/-a** unmittelbar – **el/la espectador/a** Zuschauer/in – **curioso/-a** neugierig – **atrapado/-a** h.: gebannt; gefesselt – **estar frente a la 'caja tonta'** <ugs.> vor der Glotze setzen
2 **dominar** dominieren; vorherrschen in – **manifiesto/-a** eindeutig; klar – **'El coche fantástico'** dt./engl. Titel: 'Knight Rider' – **la violencia** Gewalt – **el misterio** Geheimnis – **imaginar** h.: vermuten; annehmen – **hacer memoria** (scharf) nachdenken
3 **el/la creador/a** Schaffer/in – **el/la marciano/-a** Marsbewohner/in – **escultural** wohlgeformt – **el/la socorrista playero/-a** Rettungsschwimmer/in – **el borrón** Schandfleck; h.: Unklarheit – **ocurrir** geschehen – **tomar conciencia de algo** sich einer Sache bewusst werden – **captar** einfangen
4 **emitir** senden; ausstrahlen – **la acción** Handlung – **crucial** entscheidend – **el/la protagonista** Hauptfigur – **consagrado/-a** verehrt – **destacar** herausragen – **si bien** wenn auch; obwohl – **a la vista** in Sicht – **incluso** sogar
5 **la temporada** h.: Staffel – **repasar** noch einmal durchgehen/erleben – **el acontecimiento** Ereignis; Geschehnis – **inesperado/-a** unerwartet; überraschend – **el atentado** Attentat – **fracasado/-a** gescheitert – **el golpe de Estado militar** Militärputsch – **la Transición** Übergang zur Demokratie in Spanien nach Francos Tod – **el origen** Ursprung – **la constitución** Verfassung – **la movida (madrileña)** Kulturbewegung, die in den ersten Jahren nach dem Franquismus entstanden ist und bis in die 80er-Jahre bestand – **desenfadado/-a** ungezwungen; locker – **alterado/-a** aufgeregt; durcheinander – **la ebullición** Aufruhr – **en medio del meollo** h.: mittendrin – **empaparse de** <fig.> vollsaugen mit; tränken in – **paradigmático/-a** modelhaft; beispielhaft – **el reconocimiento** Anerkennung
6 **la baza** Nutzen; Vorteil – **la fidelidad** h.: Genauigkeit – **crudo/-a** rau; brutal – **la persecución** Verfolgung – **clandestino/-a** heimlich; geheim – **desarrollar** entwickeln; entfalten – **deberse a** zurückführen auf – **la puesta en escena** Inszenierung – **tratar** behandeln – **el cáncer** <Med.> Krebs – **a lo largo de los años** im Laufe der Jahre
7 **desbancar de** verdrängen von – **la cima** Spitze – **la cadena** h.: Sender – **la extenuación** Erschöpfung – **desistir** aufgeben – **rendirse** kapitulieren; sich ergeben – **ceder** nachgeben – **poner de manifiesto** zum Ausdruck bringen – **la necesidad** Bedürfnis; Notwendigkeit

i **Estreno:** 2001-actualidad • **Duración:** 60 min • **País:** España • **Dirección:** Miguel Ángel Bernardeau (creador), Agustín Crespi, Antonio Cano, Ramón Fernández, Azucena Rodríguez, Sergio Cabrera, Manuel Palacios, Antonio Cuadri, Moisés Ramos, Gracia Querejeta, Óscar Aibar • **Guion:** Miguel Ángel Bernardeau, Eduardo Ladrón de Guevara, Alberto Macías, Patrick Buckley • **Música:** Mario de Benito, Bernardo Fuster, Luis Mendo, Fernando Ortí Salvador, Álvaro de Cárdenas • **Fotografía:** Federico Lastra • **Producción:** Grupo Ganga, TVE, Amazon • **Género:** Drama. Comedia. Historia • **Reparto:** Imanol Arias, Ana Duato, Ricardo Gómez, Pablo Rivero, María Galiana, Irene Visedo, Juan Echanove, Ana Arias, Santiago Crespo, Pere Ponce, Manolo Cal, José Sancho, Silvia Espigado

Nivel: **B1** | Disponible en rtve.es/television/cuentame

| Foto: *Picture Alliance*

Después de ver el primer capítulo

1. **Identifica en las fotos a los personajes de la serie. Descríbelos en tu cuaderno con la información que hayas visto en el primer capítulo. Si estás en clase, compara tus respuestas con las de tus compañeros.**

a) 

b) 

c) 

d) 

e) 

f) 

g) 

h) 

| Fotos: *Getty Images/Jose R. Aguirre*

2. **Responde a las siguientes preguntas sobre el primer capítulo. Si estás en clase, compara tus respuestas con las de tus compañeros.**

a) ¿En qué año nació Carlos Alcántara?

____

b) ¿Para qué están recaudando los niños dinero?

____

c) ¿Qué opinan los vecinos del barrio sobre Clara, la madre de Josete?

____

d) ¿Cómo reacciona Merche cuando descubre la píldora anticonceptiva de Inés?

____

e) ¿Qué plan tiene Carlos cuando piensa que Inés tiene cáncer y se tiene que operar en América?

____

____

f) ¿Por qué dice Carlos al final que tiene buena suerte?

____

____

g) ¿Qué ocurre al final del capítulo?

____

3. **En grupo, contestad a las siguientes cuestiones. Justificad vuestras respuestas.**

- ¿Qué os ha parecido el primer capítulo de la serie?
- Este capítulo, ¿os parece una propuesta atractiva para acercarse al pasado más inmediato?
- ¿Tenéis ganas de ver más capítulos después de haber visto el primero?
- ¿Creéis que la serie refleja fielmente el pensamiento, las costumbres, la ropa y los modos de vida de aquella época?

Justin Webster *(2.º a la derecha) posa con todo el equipo que formó parte del documental 'El fin de ETA' durante su presentación en el Festival Internacional de Cine de San Sebastián.* | FOTO: *Picture Alliance/dpa*

'El fin de ETA', el documental que narra cómo la democracia acabó con el terrorismo

POR RAMON AGUILÓ

1 ME ACUERDO como si fuera ayer mismo. Era el 14 de febrero, el día de los *enamorados*. De camino a la universidad, yo había comprado un pequeño *ramo* de rosas para una chica que me gustaba mucho. Quería sorprenderla al salir de clase. Hasta me había aprendido un poema *de memoria* y quería recitárselo dando un paseo por el campus. Recuerdo que hacía frío de verdad. Era una de esas mañanas blancas de Madrid en las que la niebla *empaña* la vista y nada es lo que parece. Llegué a la Facultad de *Derecho* antes de hora y decidí esperarla fuera, sentado en un banco y repasando en mi cabeza los versos de aquel poema. *De repente*, un chico salió corriendo del edificio de la facultad y se metió en un coche que le estaba esperando *en marcha*.

2 Eso *tenía* muy *mala pinta*. Y efectivamente, a los cinco minutos empezaron a sonar sirenas por todas partes. Primero llegaron dos ambulancias y después numerosos coches de policía. Los estudiantes *abandonaban* la facultad *asustados*. Algunos lloraban y se abrazaban. Tardé poco en *enterarme de lo sucedido*: ETA *había asesinado* con tres *disparos a bocajarro* al profesor Francisco Tomás y Valiente, expresidente del *Tribunal Constitucional*. Ese invierno del año 1996 fue un baño de sangre imposible de olvidar. Ocho días antes, el 6 de febrero, en San Sebastián, ETA había matado de un *tiro* en la *nuca* al dirigente socialista Fernando Múgica. En plena calle, sin ningún escrúpulo, delante de su hijo José María.

3 Pienso en ellos y en tantas *víctimas* inocentes ahora que *se ha estrenado* un magnífico documental sobre los encuentros y las conversaciones secretas que *propiciaron* el final de la organización terrorista *vasca*. Pues tan importante es la memoria de las víctimas como el dejar constancia fílmica de cómo la democracia *derrotó* a esa infame banda de asesinos. Hay que recordar sin deseo de *venganza* todo el dolor causado y los medios que ayudaron a que ese dolor acabara de una vez. Y *romper* el silencio de una sociedad española que todavía no *se atreve a* hablar abiertamente del terrorismo. Pero solo si *tenemos en cuenta* las 829 víctimas mortales de ETA y los miles de *heridos* que causaron sus atentados, podremos hacernos una idea de la importancia que esas decisivas *negociaciones* tuvieron para el *desarrollo* de la paz y la convivencia en España.

4 'El fin de ETA' *recoge* el *testimonio* de los principales protagonistas de este largo proceso que empezó en el año 2000 y *se alargó* hasta el 20 de octubre de 2011, día en que ETA *anunciaba* el *cese* definitivo de su actividad *armada*. De estos protagonistas *cabe destacar* cuatro por encima de los demás: *Jesús Eguiguren* (político del partido socialista vasco), *Arnaldo Otegi* (*portavoz* de Herri Batasuna, el brazo político de ETA), Josu 'Ternera' (exdirigente de ETA) y Alfredo Pérez Rubalcaba (ministro del Interior de España del 2006 al 2011). De estos cuatro, únicamente Ternera no aparece en el documental, ya que en el momento del rodaje se encontraba en *paradero* desconocido desde el año 2003. En 2019 se localizó a Josu Ternera en Francia, donde sigue en libertad bajo vigilancia a la espera de diversos juicios.

5 *No obstante*, aparecen otras figuras importantes de estas conversaciones que compensan dicha *ausencia*, como Martin Griffiths (director del Centro Henri Dunant, el Centro para el Diálogo Humanitario en *Ginebra*), alguien neutral que hizo de mediador entre los políticos y los terroristas. También cabe destacar la presencia del *lendakari* vasco Iñigo Urkullu, el *juez* Baltasar Garzón y hasta miembros del

Sinn Féin. Y es que la presencia de figuras extranjeras en el documental como Brian Currin, Tony Blair y Gerry Kelly es más *significativa* de lo que parece: ellos fueron los que ayudaron a reactivar las conversaciones cuando en diciembre del 2006 y tras varios años de *ilusionante* trabajo, ETA *hizo estallar* varias bombas en el aeropuerto de Madrid.

6 El *guion* es *obra* de los *periodistas* José María Izquierdo y Luis R. Aizpeolea, que a la vez está basado en el libro de ambos, 'ETA. Las *claves* de la paz'. La ausencia de un narrador *omnipresente otorga* un realismo especial a las *entrevistas*: cada punto de vista queda perfectamente reflejado y *retratado*. No olvidemos que aquí cada uno de los protagonistas tenía sus intenciones, sus trucos, sus estrategias, y que mientras Eguiguren se sentaba a hablar con Otegi, ETA seguía matando a sus amigos y *compañeros de partido*. Esas negociaciones fueron tan secretas y confidenciales que no había garantías para nadie, como cuenta el propio Eguiguren: tanto Otegi podía *ser detenido* como él mismo asesinado. Todo ocurría como si nadie estuviese negociando con nadie. Era un diálogo sin *red*, sin protección de ninguna clase, *impulsado* por la *tenacidad* de Eguiguren, que ni siquiera había pedido permiso al Gobierno central de Madrid para dialogar con ETA.

7 No obstante, *a pesar de* las diferencias radicales entre políticos demócratas y terroristas, ocurre un *milagro*: los unos *se acercan a* los otros, hay un deseo de comprender la *postura* del contrario sin que eso signifique perdonar u olvidar. Los terroristas acaban entendiendo que con la lucha armada no van a ninguna parte y el Gobierno empieza a *reconsiderar* su política *penitenciaria* con los *presos* de ETA. Ponerse en el lugar del otro, crear empatía entre los dos bandos, pero sin abandonar en ningún momento la *ley* y la justicia, tal fue la clave en estas negociaciones. Como *curiosidad*: este *imprescindible* documental no *está dirigido* por ningún vasco ni español, sino por el inglés Justin Webster, periodista inglés *afincado en* Barcelona.

Revista de la Prensa 10-04-2017
Actualizado 07-09-2021

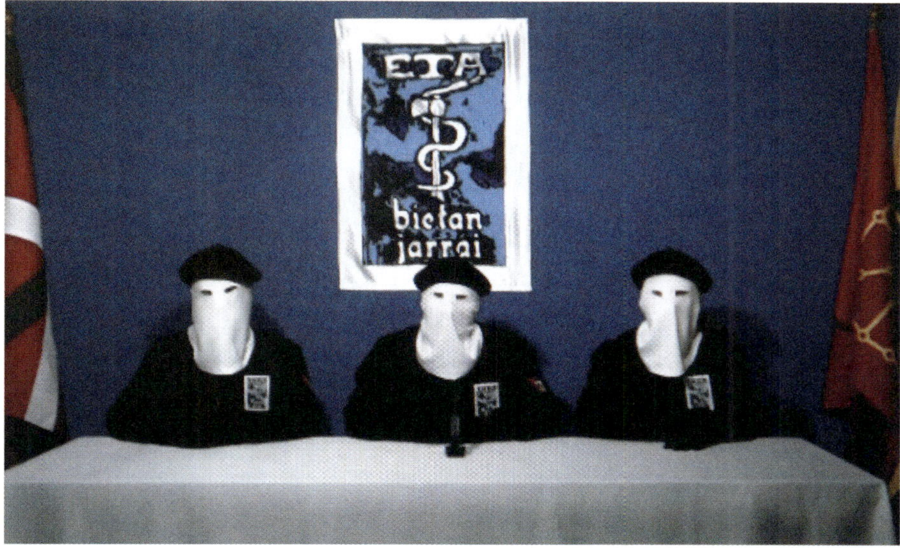

En 2011, *con uno de sus típicos mensajes de vídeo, encapuchados, la banda terrorista ETA anunciaba el alto el fuego. En 2018 anunciaron su disolución definitiva.* | Foto: *Picture Alliance*

0–1 **ETA (Euskadi Ta Askatasuna)** separatistische baskisch-nationalistische Untergrund- und Terrororganisation (1959-2011) – **el/la enamorado/-a** Verliebte/r – **el ramo** Strauß – **de memoria** auswendig – **empañar** trüben – **el derecho** Recht – **de repente** plötzlich – **en marcha** h.: mit laufendem Motor

2 **tener mala pinta** <ugs.> nicht gut aussehen – **abandonar** verlassen – **asustado/-a** erschrocken – **enterarse de** erfahren; mitbekommen – **lo sucedido** das Geschehene – **asesinar** ermorden – **el disparo** Schuss – **a bocajarro** aus nächster Nähe – **el tribunal constitucional** Verfassungsgericht – **el tiro** Schuss – **la nuca** Genick

3 **la víctima** Opfer – **estrenarse** Premiere haben – **propiciar** ermöglichen – **vasco/-a** baskisch – **derrotar** besiegen – **la venganza** Rache – **romper** brechen – **atreverse a** sich trauen zu – **tener en cuenta** bedenken – **el/la herido/-a** Verletzte/r – **la negociación** Verhandlung – **el desarrollo** Entwicklung

4 **recoger** sammeln – **el testimonio** Aussage – **alargarse** sich in die Länge ziehen – **anunciar** ankündigen – **el cese** Beendigung – **armado/-a** bewaffnet – **cabe destacar (...)** sind (...) hervorzuheben – **Jesús María Eguiguren Imaz** ehem. Präsident (2002-2014) der baskischen Sektion (PSE-EE) der span. Sozialisten (PSOE) – **Arnaldo Otegi Mondragon** ehem. ETA-Mitglied; ehem. Sprecher der linksgerichteten, baskischen, verbotenen Partei Batasuna – **el/la portavoz** Sprecher/in – **el paradero** Aufenthaltsort

5 **no obstante** jedoch – **la ausencia** Fehlen; Abwesenheit – **Ginebra** Genf – **el lendakari** Ministerpräsident der baskischen Regionalregierung – **el/la juez/a** Richter/in – **el Sinn Féin** irisch-republikanische Partei – **significativo/-a** bedeutsam – **ilusionante** überaus gut – **hacer estallar** hochgehen lassen

6 **el guion** Drehbuch – **la obra** Werk – **el/la periodista** Journalist/in – **la clave** Schlüssel – **omnipresente** allgegenwärtig – **otorgar** verleihen – **la entrevista** Interview – **retratado/-a** porträtiert – **el/la compañero/-a de partido** Parteikamerad/in – **detener** verhaften – **la red** Netz – **impulsar** veranlassen; vorantreiben – **la tenacidad** Hartnäckigkeit

7 **a pesar de (que)** obwohl – **el milagro** Wunder – **acercarse a** sich annähern an – **la postura** Einstellung; Haltung – **reconsiderar** nachdenken über – **penitenciario/-a** Haft... – **el/la preso/-a** Häftling – **la ley** Gesetz – **la curiosidad** Besonderheit; Merkwürdigkeit – **imprescindible** unentbehrlich – **dirigir** h.: Regie führen – **afincado/-a en** wohnhaft in

Estreno: 2017 • **Duración:** 109 min • **País:** España • **Director:** Justin Webster • **Guion:** José María Izquierdo, Luis Aizpeolea • **Música:** Laro Basterretexa • **Fotografía:** Kim Hattesen • **Producción:** Quality Media Producciones • **Género:** Documental • **Reparto:** Alfredo Pérez Rubalcaba, Jesús Eguiguren, Arnaldo Otegi, Ibon Etxerrate, Maixabel Lasa, Íñigo Urkullu, José Antonio Ardanza

Nivel: **B2 – C1** | Disponible en DVD

Antes de ver el documental

1. **¿Qué significan estas palabras? Relaciónalas con su traducción al alemán.**

a)	el atentado terrorista	A	kontrovers; umstritten
b)	negociar	B	Waffenruhe
c)	las fuerzas y cuerpos (Pl.) de seguridad del Estado	C	Aktivist/in
d)	el/la abertzale	D	Auswirkung
e)	culpar a alguien	E	Stillstand
f)	la repercusión	F	Waffe
g)	el diálogo	G	baskische/r Nationalist/in
h)	el chantaje	H	Terroranschlag
i)	conflictivo/-a	I	Erpressung
j)	el/la militante	J	jmdn. beschuldigen
k)	la tregua	K	Absprache; Dialog
l)	el alto el fuego	L	handeln
m)	el (fem.) arma	M	Staatssicherheitskräfte

a) ……
b) ……
c) ……
d) ……
e) ……
f) ……
g) ……
h) ……
i) ……
j) ……
k) ……
l) ……
m) ……

2. **Busca información sobre los siguientes conceptos con tu compañero/-a y juntos escribid lo más relevante en vuestro cuaderno.**

a) Euskal Herria
b) Partido Nacionalista Vasco (PNV)
c) Herri Batasuna
d) Euskadi Ta Askatasuna (ETA)
e) Partido Socialista de Euskadi-Euskadiko Ezkerra (PSE-EE)
f) EH Bildu

3. **Formad un grupo de cuatro compañeros/-as e investigad sobre el 'conflicto vasco'. Tened en cuenta las siguientes claves. Si estáis en clase, compartid vuestras respuestas en grupo.**

a) Nacimiento del nacionalismo vasco en el siglo XIX.
b) Nacimiento de ETA en 1959: acción contra el franquismo.
c) Creación de bandas de extrema derecha durante el franquismo: Guerrilleros de Cristo Rey (1968–1980) y Batallón Vasco Español (1975–1981).
d) Transición: Grupos Antiterroristas de Liberación (GAL) (1983–1987).
e) Primeras negociaciones en los 90 y Pacto de Estella (1998).

Después de ver el documental

4. **Escribe un resumen con las ideas más importantes del documental. Si estás en clase, compara con tus compañeros/-as tu resumen.**

| Foto: *Getty Images*

Comedia

- *'Ocho apellidos vascos',*
  de Emilio Martínez-Lázaro
- *'La llamada',*
  de Javier Calvo y Javier Ambrossi
- *'Campeones',*
  de Javier Fesser

Los estereotipos vascos y andaluces: 'Ocho apellidos vascos'

Carmen Machi, *Karra Elejalde, Clara Lago y Dani Rovira interpretan a los protagonistas de 'Ocho apellidos vascos'* | FOTO: *Getty Images/Carlos R. Álvarez*

Alfonso Sánchez Fernández, *Emilio Martínez-Lázaro, Clara Lago, Alberto López y Carmen Machi durante la presentación de 'Ocho apellidos vascos' en el Festival Internacional de Cine de San Sebastián.* | FOTO: *Getty Images/ Europa Press*

POR DAVID CAPUCHINO SANTOS

1 *CONSIDERADA como* una de las mejores comedias de los últimos tiempos en España, 'Ocho apellidos vascos' es una *joya* cinematográfica que *trata* los estereotipos que existen sobre los vascos y los andaluces con el *objetivo* de demostrar lo absurdo de los *prejuicios*. *Quizás* por esta razón la película *fue* la más *taquillera* del 2014 en España y *fue reconocida* con tres premios Goya, entre otros *galardones*.

2 La historia comienza en Sevilla, adonde va Amaia (Clara Lago) con sus amigas después de cancelar su *boda* con su *exnovio*. Amaia, que es vasca, se siente bastante incómoda vestida de flamenca en un *tablao* sevillano, y *recrimina* a sus amigas que no quiere estar allí después de haber cancelado su boda. En ese momento, Rafa (Dani Rovira) aparece en escena para contar chistes y, sin saber que en el local hay personas del País Vasco, comienza a contar chistes sobre los vascos. Esto a Amaia no le hace gracia y discuten, con lo que Rafa echa a Amaia del local. Una vez en la calle, los dos notan una atracción *mutua*, se besan y se van a casa de Rafa, donde Amaia se duerme sin que llegue a *ocurrir* nada más. Al día siguiente, Amaia desaparece sin despedirse y Rafa solo encuentra su bolso con su móvil, olvidado por ella. Rafa *emprende* un viaje al pueblo de Amaia, Argoitia, para devolverle el bolso y declararle su amor por ella, *ya que* siente que se ha enamorado.

3 En el autobús *de ida*, Rafa conoce a Merche (Carmen Machi), una *extremeña* que lleva muchos años en el País Vasco. Esta mujer, feliz de haber conocido a alguien de fuera del País Vasco en Argoitia, lo invita a comer a su casa una vez haya hablado y aclarado las cosas con Amaia. Aunque él no está muy convencido, accede antes de despedirse de ella, que le dice donde vive. Después de llegar a Argoitia, Rafa busca la casa de Amaia. Cuando la encuentra, *se da cuenta de que* Amaia no siente nada por él, ya que ella lo *rechaza*. Entonces, Rafa quema un contenedor *por accidente* y es *arrestado*. Dentro del *calabozo* se hace pasar por un miembro de la '*kale borroka*' para ganarse la simpatía de los otros *presos*.

0–1 **EL ESTEREOTIPO** Klischee – **vasco/-a** baskisch – **considerar como** ansehen als – **la joya** <fig.> Schmuckstück – **tratar** behandeln – **el objetivo** Ziel – **el prejuicio** Vorurteil – **quizá(s)** möglicherweise – **ser taquillero/-a** h.: ein Kassenschlager sein – **reconocer** auszeichnen – **el galardón** Preis
2 **la boda** Hochzeit – **el/la exnovio/-a** Ex-Freund/in – **el tablao** Flamencolokal – **recriminar** vorwerfen – **mutuo/-a** gegenseitig – **ocurrir** geschehen – **emprender** unternehmen – **ya que** denn; da
3 **(el viaje) de ida** Hinfahrt – **el/la extremeño/-a** Einwohner/in aus Extremadura – **darse cuenta de algo** sich etw. bewusst werden – **rechazar** ablehnen; zurückweisen – **por accidente** aus Versehen – **arrestar** festnehmen – **el calabozo** Gefängniszelle – **la kale borroka** <Baskisch> h.: Straßenterrorismus im Baskenland – **el/la preso/-a** Häftling

4 Paralelamente, Koldo (Karra Elejalde), el padre de Amaia, vuelve después de muchos años a Argoitia para conocer al *prometido* de su hija, sin saber que la boda ya no *tendrá lugar*. Amaia no quiere contarle la verdad, así que *urde* un plan: saca a Rafa de la prisión y lo convence para que se haga pasar por Antxon, su exnovio vasco, ya que para su padre es muy importante que su futuro marido sea vasco. Aunque Rafa acepta ayudar a Amaia, ella sigue dejando claro que no siente nada por él y que todo es un teatro para que su padre no *se entere de* la cancelación de su boda. Por eso, Amaia le da *consejos* y ropa a Rafa para que se haga pasar por un auténtico vasco durante unos días hasta que su padre se vuelva a ir.

5 Por otra parte, Rafa convence a Merche para que le ayude con su pantomima. Ella accede encantada, puesto que es *actriz aficionada* y le encanta la interpretación: su personaje es Anne, la madre de Antxon. Los cuatro *se embarcan en* una comedia que nos *tiene en ascuas* hasta el final. ¿Descubrirá Koldo las mentiras de su hija y de Rafa? ¿Aceptará al sevillano? ¿Se enamorará Amaia de Rafa?

4 **el/la prometido/-a** Verlobte/r – **tener lugar** stattfinden – **urdir** aushecken; anzetteln – **enterarse de algo** von etw. erfahren – **el consejo** Ratschlag
5 **el/la actor/actriz** Schauspieler/in – **aficionado/-a** Amateur… – **embarcarse en** sich verstricken in – **tener a alguien en ascuas** <ugs.> jmdn. auf die Folter spannen

i **Estreno:** 2014 • **Duración:** 98 min • **País:** España • **Director:** Emilio Martínez-Lázaro • **Guion:** Borja Cobeaga, Diego San José • **Música:** Fernando Velázquez • **Fotografía:** Gonzalo F. Berridi, Juan Molina • **Producción:** Lazonafilms, Kowalski Films, Telecinco Cinema, Sand & Snow Films • **Género:** Comedia romántica • **Reparto:** Clara Lago, Dani Rovira, Carmen Machi, Karra Elejalde, Alfonso Sánchez, Lander Otaola, Alberto López, Aitziber Garmendia, Miriam Cabeza, Aitor Mazo, Mikel Roman, Santi Ugalde, Itziar Atienza, Abel Mora, Iñaki Beraetxe, Egoitz Lasa, Telmo Esnal

Nivel: **B1–B2** | Disponible en Netflix

Antes de ver la película

EJERCICIOS

1. **Busca el significado de las siguientes palabras y expresiones vascas en Internet y relaciónalas con su significado en castellano.**

a)	el aita	A	la boina	a) ______
b)	la ama	B	¡Hola!	b) ______
c)	la ikastola	C	el/la nacionalista vasco/-a	c) ______
d)	la Ertzaintza	D	el padre	d) ______
e)	¡Agur!	E	la llovizna	e) ______
f)	¡Aupa! (col.)	F	el vino	f) ______
g)	el sirimiri	G	la madre	g) ______
h)	la txapela	H	sí	h) ______
i)	el/la abertzale	I	grupo de rock vasco	i) ______
j)	¡Eskerrik asko!	J	¡Adiós!	j) ______
k)	¡Bat, bi, ta hiru!	K	el/la pescador/a	k) ______
l)	bai	L	la violencia callejera de carácter político	l) ______
m)	el/la arrantzale/a	M	¡Gracias!	m) ______
n)	Kortatu	N	la escuela	n) ______
ñ)	la kale borroka	Ñ	¡Una, dos y tres!	ñ) ______
o)	el txakolin	O	la Policía regional del País Vasco	o) ______

2. **En la película aparecen numerosos estereotipos sobre los andaluces y los vascos. En grupos de cuatro, reflexionad sobre los estereotipos que existen sobre las diferentes regiones de vuestro país. ¿Qué estereotipos existen en vuestro país sobre España y los españoles?**

Después de ver la película

3. **Describe brevemente con tu compañero/-a los siguientes personajes de la película. Si lo necesitas, usa los adjetivos del recuadro. Juntos escribid vuestras descripciones en vuestro cuaderno.**

simpático/-a • cariñoso/-a • frío/-a • tierno/-a • brusco/-a • alegre • serio/-a • romántico/-a • comprensivo/-a • celoso/-a • altruista • sensible • terco/-a • trabajador/a

a) Rafa	**c)** Merche
b) Amaia	**d)** Koldo

4. **A lo largo de la película aparecen una serie de estereotipos que se relacionan con los vascos y con los andaluces. Clasifícalos en la siguiente tabla.**

graciosos/-as • ligones/-as • fríos/-as • serios/-as • bromistas • cariñosos/-as • comilones/-as • religiosos/-as • terroristas • vagos/-as • trabajadores/-as • bruscos/-as • distantes • amigables

vascos	andaluces

5. **Reflexiona con tu compañero/-a sobre los estereotipos. ¿Pensáis que hay parte de verdad en ellos? ¿Cómo creéis que se crean los estereotipos? ¿Son buenos o malos? Razonad vuestras respuestas y exponed vuestras conclusiones en clase.**

6. **En la película se ve el contraste entre el paisaje y el tiempo en Andalucía y en el País Vasco. Descríbelo brevemente en tu cuaderno con tu compañero/-a. ¿Creéis que al ser tan diferentes, el paisaje y el clima, pueden influir en el carácter de las personas que viven en estos territorios?**

'La llamada'

Cuando los *superhéroes* de todas las especies y géneros *se apoderan de* la *cartelera cinematográfica*, se agradece la aparición de una película como 'La llamada'.

Por Janina Pérez Arias

1 DE HECHO esta *cinta* podría *tener todas las de perder*, porque *se trata de* un musical en tono de comedia, *protagonizado* por mujeres, que *se desarrolla* en un campamento dirigido por *monjas* y en el que se aparece 'Dios' cantando los 'hits' de Whitney Houston. Solo por lo *disparatado* de estos elementos 'La llamada' *se merece* toda la atención. Y créame, no *se arrepentirá*.

2 En el medio de la nada en Segovia, específicamente en un campamento de monjas, María (Macarena García) y Susana (Anna Castillo) se aburren. Deben pasar allí todo el verano, ambas tienen 17 años, y lo que quieren es irse de fiesta, y *sacar adelante* el dúo de electrolatino que han formado. No les queda otro camino que *escaparse* por las noches para irse de discoteca, cuidando de que las *hermanas* Bernarda (Gracia Olayo) y Milagros (Belén Cuesta) no las descubran en sus escapadas nocturnas. Una noche María será *testigo* de una *revelación*, se le aparecerá Dios (Richard Collins-Moore) entonando canciones de Whitney Houston.

3 En el mundo cristiano-apostólico 'la llamada' se produce cuando una persona tiene una *'iluminación'* que le llevará a *dedicarle* su vida, de una u otra forma, *a* la *fe* cristiana. La llamada de Dios es la que han seguido misioneros, *sacerdotes*, monjas, etc. y no es más que sentir la *vocación* religiosa. En pleno *siglo* XXI, Javier Ambrosi y Javier Calvo, escritores y directores de 'La llamada', le dan otra lectura a esta experiencia espiritual. Y es que en este filme se *aborda* más bien una historia de descubrimientos, de volverse mayor, de encontrar el sentido de la vida cuando estamos en medio de la *incertidumbre* de qué camino tomar, de qué tenemos que dejar atrás para *emprender* una nueva fase en nuestras vidas.

4 También 'La llamada' trata de tolerancia, de *abrazar* la identidad sexual, así como de tener fe en uno mismo. Y esa 'fe' se refiere más bien a aprender a *valorarse* como seres humanos y encontrar un lugar en la jungla de la vida. Cu-

El equipo de 'La llamada' *celebra el galardón a la mejor comedia en los Premios Feroz de 2018.* | Foto: *Getty Images/Fotonoticias/Carlos R. Álvarez*

0–1 **EL/LA SUPERHÉROE/-HEROÍNA** Superheld/in – **apoderarse de algo** sich etw. bemächtigen – **la cartelera cinematográfica** Kinoprogramm – **la cinta** h.: Film – **tener todas las de perder** <Redewendung> keine guten Karten/Chancen haben – **tratarse de** sich handeln um – **protagonizar** die Hauptrolle spielen – **desarrollarse** sich abspielen – **la monja** Nonne – **disparatado/-a** absurd; unsinnig – **merecerse** verdienen – **arrepentirse** bereuen

2 **sacar adelante** vorwärtsbringen – **escaparse** h.: abhauen – **la hermana** h.: <Rel.> Schwester – **el/la testigo** Zeuge/in – **la revelación** Offenbarung

3 **la iluminación** Eingebung; Erleuchtung – **dedicar a** widmen – **la fe** Glaube – **el sacerdote** Priester – **la vocación** Berufung – **el siglo** Jahrhundert – **abordar** angehen; behandeln – **la incertidumbre** Unsicherheit – **emprender** angehen

4 **abrazar** h.: annehmen – **valorarse** sich schätzen – **concebir** h.: planen; entwerfen – **la obra de teatro musical** Musical; Musiktheaterstück – **la gran pantalla** Kinoleinwand – **bien logrado/-a** gut gelungen – **el elenco** Besetzung; Ensemble – **brindar** h.: geben; verleihen – **abrumador/a** überwältigend – **el artificio** h.: Unnatürlichkeit; Kunstform – **el entretenimiento** Unterhaltung – **el deleite** Vergnügen

riosamente, 'La llamada' *fue concebida* como una *obra de teatro musical* y, tras varios años, Ambrosi y Calvo decidieron dar el salto a la *gran pantalla*. En la muy *bien lograda* versión cinematográfica mantienen el *elenco* original, lo cual le *brinda* a la película una encantadora y *abrumadora* naturalidad. Lograr esa naturalidad en un musical no es una tarea fácil si se piensa que de por sí un musical es un *artificio*, ya que nadie va cantando y bailando por la vida. 'La llamada' son 108 minutos de puro *entretenimiento*, de *deleite*, de risas, de energía pura y de la positiva; pero también de reflexión. Aunque esto último parezca una mentira.

Revista de la Prensa 10-11-2018

Janina Pérez Arias es periodista especializada en cine y televisión, escribe para diferentes medios en Latinoamérica y España.

Estreno: 2017 • **Duración:** 108 min • **País:** España • **Dirección:** Javier Ambrossi, Javier Calvo • **Guion:** Javier Ambrossi, Javier Calvo • **Música:** Leiva, Nigel Walker, Marta Crespo • **Fotografía:** Migue Amoedo • **Producción:** Lo Hacemos y Ya Vemos, Apache Films, Sábado Películas, RTVE, Orange, TVC • **Género:** Comedia musical • **Reparto:** Macarena García, Anna Castillo, Belén Cuesta, Gracia Olayo, Richard Collins-Moore, María Isabel Díaz Lago, Secun de Rosa, Víctor Elías, Esty Quesada, Mar Corzo, Loli Pascua, Henry Méndez, Llum Barrera, Noemí Arribas, Olalla Hernández, Olga Romero, Trinidad Vaquero Tallol, Soledad Mallol, Angy Fernández, Susana Abaitua, Nuria Herrero, Claudia Traisac, Clara Alvarado

Nivel: B1 | Disponible en Netflix

Las actrices *Macarena García, Gracia Olayo, Anna Castillo y Belén Cuesta dan vida a las protagonistas de 'La llamada'.* | FOTO: *Getty Images/ Carlos R. Álvarez*

Javier Calvo *y Javier Ambrossi son los directores y guionistas de 'La llamada'.* | FOTO: *Getty Images/ Fotonoticias/Carlos R. Álvarez*

Antes de ver la película

1. **Escribe brevemente algunos apuntes sobre ti mismo y sobre tu fe. Después, comparte tus reflexiones con tus compañeros/-as.**

- ¿Crees en alguna religión? ¿En cuál? ¿Qué importancia le das a la religión en tu vida? ¿Por qué es así de importante? ¿Respetas a las personas que no creen en una religión?
- Si no crees en ninguna religión, ¿tienes fe en alguna otra creencia? ¿Por qué no crees en Dios? ¿Qué opinas de las religiones? ¿Respetas a las personas que creen en una religión?

Después de ver la película

2. **Responde a las siguientes preguntas sobre la película en tu cuaderno. Si estás en clase, compara tus respuestas con las de tus compañeros.**

a) ¿Qué le ocurre a María en la primera escena de la película?

b) ¿Qué proyecto tienen Susana y María?

c) ¿Qué hacía de joven la hermana Milagros?

d) ¿Qué une a las protagonistas de la película?

e) ¿Cómo reacciona al principio la hermana Bernarda cuando María le cuenta su experiencia?

f) ¿Cuál es 'la llamada' de cada una de las protagonistas?

3. **¿Qué temas aparecen en la película? ¿Crees que la forma de presentarlos es acertada? Justifica tus respuestas y compáralas con las de tus compañeros/-as. ¿Habéis llegado a las mismas conclusiones? Si necesitáis más espacio, usad vuestro cuaderno.**

4. **Escucha la canción de 'La llamada', de Leiva, y completa la letra con las palabras que faltan. Compara las soluciones con tu compañero/-a.**

Cuando no encontramos la ______
y las piernas se clavan.
Cuando no dices ______,
entonces empiezo a escuchar.
Cuando no has tenido la oportunidad
y las ______ se empañan.
Cuando vamos de cara,
entonces ______ a andar.
(Estribillo)
______ con estar por encima de todo,
por debajo de tu falda,
con la ______ llena de luz
y tu voz pausada,
y tu voz pausada.
Hoy he sentido la ______
con toda la fuerza.

Las ______ apagadas
y las piernas ______.
Cuando nos ______
la electricidad
de tu dedo a mi ______.
Cuando estás devorada
no hay miedo a la ______.
Cuando no temamos a lo que vendrá
y bajemos la espada.
Cuando ______ por nada,
entonces echamos a andar.
(Estribillo)

Después, comenta con tu compañero/-a la canción ¿Qué te parece personalmente la canción? ¿Qué opinas de la letra y de la música? ¿Qué sentimiento(s) te produce escucharla?

5. **Contesta a las siguientes preguntas con tus compañeros para escribir una reseña de la película.**

- ¿Cuál es el argumento y el tema central de la película?
- ¿Creéis que las actitudes de los personajes son realistas?
- ¿Qué aspectos y personajes de la película os han llamado más la atención?
- ¿Qué os ha parecido personalmente la película? ¿Os ha gustado? ¿Por qué (no)?
- ¿Qué escena(s) os gusta(n) más? ¿Cuál(es) menos?
- ¿Creéis que el final de la película es realista? ¿Por qué (no)?

El Premio Goya *a la mejor película por 'Campeones' en 2019.* | FOTO: *Getty Images/Javier Soriano*

Los protagonistas *de la película son actores no profesionales que viven día a día la realidad de la discapacidad.* | FOTO: *Getty Images/Carlos R. Álvarez*

'Campeones'

POR DAVID CAPUCHINO SANTOS

1 UNO DE LOS TRABAJOS más *alabados* de Javier Fesser ha sido la película 'Campeones', *estrenada* en 2018. La película trata sobre Marco (Javier Gutiérrez), el segundo entrenador de un equipo profesional de *baloncesto* que, *debido a* problemas personales, acaba ante la Justicia por tener un accidente con su coche contra un vehículo de la policía cuando conduce *en estado de embriaguez*.

2 Por esta razón, la *jueza* (Laura Barba) lo *condena a* pagar una *multa* y a una *pena de cárcel* que puede *conmutar* trabajando en una asociación de personas con *discapacidad* intelectual. Marco no está de acuerdo, *ya que* no considera que esté capacitado para *hacerse cargo de* este grupo de personas y, sobre todo, porque, según él, no son "personas normales"; *sin embargo*, Marco acaba entrenando al equipo. Aunque al principio parece que Marco es el único protagonista de la película, en realidad los protagonistas son todos los miembros del equipo de baloncesto, que le dan al personaje interpretado por Javier Gutiérrez una lección de vida.

3 Una de las *claves* para entender el gran *éxito* que la película tuvo en España y alrededor del mundo es la humanización de las personas con discapacidad, un colectivo que es discriminado con frecuencia debido, sobre todo, a la ignorancia y la falta de contacto con su realidad. La película *apuesta por* la inclusión de las personas sea cual sea su condición. En este sentido, Fesser da pasos para acercarnos a la vida *cotidiana* de las personas que forman este colectivo y sus problemas: la falta de medios *con* que *cuentan* las asociaciones y las organizaciones que *fomentan* la inclusión; la discriminación que *sufren* las personas con discapacidad en todos los *ámbitos* por su forma de ser, pensar o actuar. El director contactó con diversas asociaciones que trabajan con personas con discapacidad intelectual para hacer el 'casting'. El objetivo del director era *conseguir* autenticidad contando con actores no profesionales que viven día a día la realidad de la discapacidad.

4 Fesser se inspiró en la historia del equipo de baloncesto Aderes Burjassot, formado por personas con diversidad funcional intelectual, que ganó doce campeonatos de España entre 1999 y 2014. El *objetivo* del director era *concienciar a* la sociedad *de* la importancia de la inclusión; la brillantez con la que lo consiguió ha *sido elogiada* por diversos críticos y medios especializados. El cineasta presenta a las personas con limitaciones físicas, intelectuales o sensoriales como son, hombres y mujeres con sus respectivas personalidades y sus diferentes valores, lo verdaderamente importante en una persona. El trabajo de Fesser se vio *reconocido* con tres premios Goya, un premio Feroz, una Medalla del Círculo de Escritores Cinematográficos, un premio en el Festival Internacional de Cine del Sáhara, un premio Platino, además de otros premios y numerosas nominaciones. Por otra parte, tanto la crítica como el público *acogieron* muy bien esta película, que trata un tema delicado desde la comedia y sin paternalismos o dramas.

1 **ALABADO/-A** gelobt – **estrenar** herauskommen – **el baloncesto** Basketball – **debido a** wegen – **en estado de embriaguez** in betrunkenem Zustand

2 **el/la juez/a** Richter/in – **condenar a** verurteilen zu – **la multa** Geldstrafe – **la pena de cárcel** Haftstrafe – **conmutar** umwandeln – **la discapacidad** Behinderung – **ya que** denn – **hacerse cargo de** h.: betreuen – **sin embargo** dennoch

3 **la clave** Schlüssel – **el éxito** Erfolg – **apostar por** setzen auf – **cotidiano/-a** alltäglich – **contar con** verfügen über – **fomentar** fördern – **sufrir** leiden unter – **el ámbito** Bereich – **conseguir** erreichen

4 **el objetivo** Ziel – **concienciar a alguien de algo** jmdn. für etw. sensibilisieren – **elogiar** loben – **reconocido/-a** ausgezeichnet – **acoger** aufnehmen

i **Estreno:** 2018 • **Duración:** 124 min • **País:** España • **Director:** Javier Fesser • **Guion:** David Marqués y Javier Fesser • **Música:** Coque Malla, Rafael Arnau • **Fotografía:** Chechu Graf • **Producción:** Morena Films, Movistar +, Películas Pendleton • **Género:** Comedia. Deporte • **Reparto:** Javier Gutiérrez, Juan Margallo, Athenea Mata, Daniel Freire, Mariano Llorente, Luis Bermejo, Laura Barba, Juan Tejedor, Jesús Vidal, Sergio Olmo, Jesús Lago, José de Luna, Gloria Ramos, Fran Fuentes, Alberto Nieto Fernández, Vicente Gil, Roberto Chinchilla, Stefan López

Nivel: B1 | Disponible en rtve.es

Antes de ver la película

1. **Comenta con tu compañero/-a las siguientes cuestiones. Juntos intentad llegar a una conclusión común y justificad vuestras respuestas.**

- ¿Consideráis que en vuestro país aún se discrimina a las personas con discapacidad?
- ¿Se discrimina del mismo modo a las personas con discapacidad intelectual que a las personas con discapacidad física?
- Si pensáis que existe discriminación, ¿qué soluciones propondríais para evitarla?

Escribid brevemente vuestras conclusiones en las siguientes líneas.

2. **El título de la película es 'Campeones'. Debatid en clase qué imagen tenéis de los campeones y qué características creéis que los definen. ¿Qué os sugiere la palabra 'campeón/campeona'?**

Después de ver la película

3. **A lo largo de la película se conocen las historias de los personajes que forman Los Amigos. Descríbelos con todos los detalles que recuerdes en tu cuaderno.**

a) Benito	**b)** Fabián
c) Jesús	**d)** Sergio
e) Juanma	**f)** Marín
g) Collantes	**h)** Paquito
i) Manuel	**j)** Román

4. **¿Quién es Marco Montes? ¿Cómo lo calificarías? ¿Crees que evoluciona a lo largo de la película? ¿Por qué piensas que se comporta de la manera en que lo hace? Reflexiona en clase con tus compañeros/-as y juntos escribid vuestras conclusiones.**

Durante un partido, Román y Francisco Carrascosa se encuentran y tienen una conversación sobre Marco. Román dice la siguiente frase:
"Está aprendiendo. O sea, la discapacidad la va a tener siempre, pero nosotros le estamos enseñando a manejarla".

5. **¿A qué crees que se refiere Román? Coméntalo con tu compañero/-a y juntos escribid vuestras conclusiones.**

Al final de la película, Los Amigos no consiguen ganar el campeonato. Sin embargo, el título de este largometraje es 'Campeones'.

6. **Reflexionad en clase por qué se ha elegido poner este título a la película. ¿Ha cambiado vuestro concepto de 'campeón/campeona' después de ver la película? ¿Por qué (no)?**

| Foto: *Picture Alliance*

Biografía

- *'Dolor y gloria',* de Pedro Almodóvar
- *'Neruda',* de Pablo Larraín
- *'Yuli',* de Icíar Bollaín
- *'Roma',* de Alfonso Cuarón

Pedro Almodóvar *durante el estreno y presentación de la película 'Dolor y gloria' en Madrid.* | FOTO: *Getty Images/Carlos Álvarez*

'Dolor y gloria'

POR JANINA PÉREZ ARIAS

1 NO ES un secreto que todas las películas de Pedro Almodóvar están íntimamente relacionadas con él. En el caso de 'Dolor y gloria' no es que *se trate de* ciertos aspectos del *director de cine* español, sino la misma es un reflejo de su vida artística y, *por ende,* de su persona.

2 Salvador Mallo (Antonio Banderas) es un cineasta *de fama* que al parecer ha sido creador de filmes importantes e influyentes. *Sin embargo*, Mallo se encuentra en una especie de *parón*, *abatido* por sus dolores físicos *a raíz de* una operación en la *columna vertebral*, por sus *temores* ante la posibilidad de no poder volver a trabajar a causa de sus *dolencias* y por su gran miedo a dejar de crear.

3 En medio del delirio que le causan los medicamentos y los dolores, a Mallo le *asalta* una gran cantidad de recuerdos. Como los de su *infancia* junto a sus padres (interpretados por Penélope Cruz y Raúl Arévalo) en un pueblo valenciano llamado Paterna, hasta sus *aventuras* de todo tipo en la *convulsionada* capital española de los años 80 cuando la *movida madrileña estremeció* las expresiones artísticas y generó una subcultura.

4 'Dolor y gloria' es un viaje al pasado desde las *encrucijadas* del presente. *A través de* los recuerdos de Mallo, somos *testigos* del primer deseo, como también de cómo aquel niño *de origen humilde se empapaba de* su entorno y cultivaba sus *inclinaciones* artísticas. Este es un aspecto *clave* de la ficción de esta película que podemos identificar en algunos filmes de Pedro Almodóvar.

5 Antonio Banderas tiene en sus manos un personaje que ha dado varias vueltas en diferentes infiernos, y *con maestría* le ha sabido dar *matices*, *gravedad*, *sutileza* y *credibilidad*. Para *paliar* sus dolores Salvador *se entrega a* la heroína; para *saldar cuentas* intenta *reconciliarse* con uno de sus más emblemáticos *actores*, Alberto Crespo (interpretado maravillosamente por Asier Etxeandia) y para volver a sentirse deseado se encuentra con un viejo amor (Leonardo Sbaraglia).

6 Por supuesto que en este filme Almodóvar apela a una buena dosis de melodrama, no es *casualidad* que *se haya acuñado* el término 'almodrama' para definir sus historias. Desde el punto de vista visual, un aspecto de gran importancia en su cine, en 'Dolor y gloria' también está presente su paleta de colores intensos, así como también los juegos

---

1 **TRATARSE DE** sich handeln um – **el/la director/a** <Film> Regisseur/in – **por ende** folglich
2 **de fama** berühmt – **sin embargo** jedoch – **el parón** Stillstand – **abatido/-a** entkräftet – **a raíz de** aufgrund von; wegen – **la columna vertebral** Wirbelsäule – **el temor** Angst – **la dolencia** Leiden
3 **asaltar** überfallen – **la infancia** Kindheit – **la aventura** Abenteuer – **convulsionado/-a** h.: bewegt – **la movida madrileña** Kulturbewegung der Stadtjugend in den ersten Jahren nach dem Franquismus in Madrid – **estremecer** erschüttern
4 **la encrucijada** Scheideweg – **a través de** über – **el/la testigo** Zeuge/-in – **de origen humilde** einfacher Herkunft – **empaparse de** durchdringen lassen von; aufsaugen – **la inclinación** Neigung – **clave** Schlüssel...
5 **con maestría** meisterhaft – **el matiz** Nuance – **la gravedad** Tiefe – **la sutileza** Subtilität – **la credibilidad** Glaubwürdigkeit – **paliar** lindern – **entregarse a** frönen; sich hineinstürzen in – **saldar cuentas** Rechnungen begleichen – **reconciliarse** sich versöhnen – **el/la actor/actriz** Schauspieler/in
6 **la casualidad** Zufall – **acuñar** prägen – **la luminosidad** Helligkeit; Leuchten
7 **apenas** nicht einmal – **remitir a** verweisen auf – **quizá(s)** möglicherweise – **honesto/-a** ehrlich – **la cartelera** Kinoprogramm – **el estreno** Premiere – **reconocer** auszeichnen – **no es de extrañar** ist es nicht verwunderlich – **conquistar** erobern – **indiferente** gleichgültig

Leonardo Sbaraglia, *Penélope Cruz, Asier Etxeandia, Nora Navas y Antonio Banderas son algunos de los actores que participaron en 'Dolor y gloria'. La película es un reflejo de la vida artística y personal de Pedro Almodóvar.* | FOTO: *Getty Images/Samir Hussein/David M. Benett*

entre la *luminosidad* (sobre todo en sus recuerdos de la infancia) y las sombras (en el presente de Salvador).

7 Estos son *apenas* un par de elementos que de inmediato *remiten a* su filmografía y hacen que el público se sienta ubicado dentro del universo almodovariano. Desde 'Volver' (2006) esta es *quizás* la película más *honesta*, personal y completa de Almodóvar. Mucho se ha hablado y escrito sobre este filme, el cual se ha mantenido en la *cartelera* española como uno de los más vistos desde su fecha de *estreno* en marzo de 2019. Después de su paso por el Festival de Cannes, donde Antonio Banderas *fue reconocido* como mejor actor, *no es de extrañar* que *conquiste* las carteleras alrededor del mundo, porque 'Dolor y gloria' toca profundamente las fibras de los espectadores, independientemente de las diferencias culturales. Y como siempre, Pedro Almodóvar nos sorprende y no nos deja *indiferentes*.

Revista de la Prensa 10-07-2019

Janina Pérez Arias es periodista especializada en cine y televisión, escribe para diferentes medios en Latinoamérica y España.

Pedro Almodóvar *durante el estreno y presentación de la película 'Dolor y gloria' en Madrid.* | FOTO: *Getty Images/Carlos Álvarez*

Estreno: 2019 • **Duración:** 108 min • **País:** España • **Director:** Pedro Almodóvar • **Guion:** Pedro Almodóvar • **Música:** Alberto Iglesias • **Fotografía:** José Luis Alcaine • **Producción:** El Deseo, Sony Pictures Entertainment • **Género:** Drama • **Reparto:** Antonio Banderas, Asier Etxeandia, Penélope Cruz, Leonardo Sbaraglia, Julieta Serrano, Nora Navas, Asier Flores, César Vicente, Raúl Arévalo, Neus Alborch, Cecilia Roth, Pedro Casablanc, Susi Sánchez, Eva Martín, Julián López, Rosalía, Francisca Horcajo

Nivel: B2 – C1 | Disponible en Amazon Prime

Antes de ver la película

1. **Como sabes, 'Dolor y gloria' es una película con tintes autobiográficos. Comenta con tu compañero/-a las siguientes cuestiones de la película.**

- ¿Qué personas importantes de la vida de Almodóvar piensas que aparecerán en la película?
- ¿Qué temas crees que tratará el director?
- ¿Piensas que alguno de los temas puede servir de mensaje para las personas más cercanas al director?

Después de ver la película

2. **Responde a las siguientes preguntas sobre la película en tu cuaderno. Si estás en clase, compara tus respuestas con los de tus compañeros.**

a) ¿Por qué se reencuentra Salvador con Alberto? ¿Cuánto tiempo ha pasado desde la última vez que se vieron?

b) ¿Cómo era la casa a la que se mudó la familia de Salvador cuando era pequeño?

c) ¿Qué ocurre durante el coloquio de la película 'Sabor' entre Alberto y Salvador?

d) ¿Cómo reacciona Salvador cuando descubre que su madre quiere enviarlo a un seminario?

e) ¿Cómo se reconcilian Salvador y Alberto después de su segunda discusión?

f) ¿Quién es Federico?

g) ¿Cuál es el último deseo de la madre de Salvador?

h) ¿Cómo se llama la película que rueda Salvador al final?

3. **Investiga con un/a compañero/-a qué aspectos de la película están inspirados en la vida de Pedro Almodóvar. Juntos escribid vuestras conclusiones y compartidlas en grupo. Si necesitáis más espacio, usad vuestro cuaderno.**

____

____

____

____

____

____

4. **¿Qué te ha parecido la película personalmente? ¿Qué cosas te han gustado más/menos? Escribe tus respuestas en tu cuaderno y razónalas. Compáralas con las de tus compañeros si estás en clase.**

'Neruda'

Por Janina Pérez Arias

1 CUANDO LOS *créditos finales* de 'Neruda' aparecen en la *pantalla*, el *espectador se da cuenta* de que durante 107 minutos ha estado hipnotizado, que ha sido transportado al Chile de finales de los años 40, cuando el gran poeta Pablo Neruda era algo parecido a una *estrella de rock* de nuestros tiempos. El director Pablo Larraín, *fiel a* sus obsesiones, como lo es *escudriñar en* el *escenario* político chileno (sobre todo el creado por el dictador Augusto Pinochet) y sus consecuencias de todo tipo, con su nuevo *largometraje se remonta a* una época previa, cuando el presidente Gabriel González Videla (interpretado por Alfredo Castro) *emprende* una infructuosa campaña de descrédito hacia Neruda (Luis Gnecco), quien en calidad de senador por el Partido Comunista *había lanzado* el *lapidario* discurso 'Yo *acuso*', un hecho que *enfureció* al presidente, quien ordenó *captura* y *encarcelamiento* para el afamado poeta.

2 En este juego entre surrealismo y realidad creado por Pablo Larraín y su *guionista* Guillermo Calderón, el director de la policía Óscar Peluchonneau (Gael García Bernal) es el *sabueso designado* por González Videla, una *tarea* que lo llevará a *rastrear* las *huellas* del poeta hasta la cordillera andina. En manos de Pablo Larraín esta historia no podía ser contada de otra forma. El director chileno fascina con esta *suerte* de 'biopic' [película biográfica] ficcionada, donde *desmonta* el mito de Pablo Neruda para construir tal vez una figura más cercana a la que aparece en los libros de historia de la literatura.

3 El Neruda *trazado* por Larraín, y maravillosamente interpretado por Gnecco, además de ser un hedonista, es un hombre que ama ser amado y admirado, a veces *inmaduro*; se presenta fiel a sí mismo y a sus *convicciones*, encanta en ese constante *escabullirse de* la *crueldad* del juego 'gato-persigue-a-ratón', el cual lo llevará al exilio. En medio de lo real (*minuciosamente investigado*) y aquello que es *mera* fantasía (maravillosamente *inventado*), el antagonismo entre Peluchonneau y Neruda *aporta* intriga *a* una *trama* compleja, rica en detalles, pero a la vez digerible y *disfrutable* a causa de su notable *cinematografía* (Sergio Armstrong), *dirección de arte* (Estefanía Larraín) y excelentes *actuaciones*.

4 Con inteligencia y *locura comedida*, Pablo Larraín lleva a buen puerto una historia que muy bien pudo perderse en el *limbo* del *preciosismo* y de la *desmesura*. Pero no fue así. *No en balde* calificado como uno de los mejores cineastas de su generación en toda Latinoamérica, con 'Neruda' Larraín *induce* a la audiencia *a* un fantástico hipnotismo colectivo, dejando recuerdos llenos de emociones y de sensaciones.

Revista de la Prensa 10-10-2016

Janina Pérez Arias es periodista especializada en cine y televisión, escribe para diferentes medios en Latinoamérica y España.

Pablo Larraín *(director) y Gael García Bernal, actor que interpreta a Oscar Peluchonneau, posan durante una sesión de fotos del Festival Internacional de Cine de San Sebastián de 2016.* | Foto: *Picture Alliance/dpa*

1 **LOS CRÉDITOS finales** (Pl.) Abspann – **la pantalla** Leinwand – **el/la espectador/a** Zuschauer/in – **darse cuenta** bemerken; realisieren – **la estrella de rock** Rockstar – **fiel a** getreu – **escudriñar en** unter die Lupe nehmen; herumschnüffeln in – **el escenario** Szene – **el largometraje** Spielfilm – **remontarse a** zurückreichen bis – **emprender** unternehmen – **lanzar** ausstoßen – **lapidario/-a** h.: kurz und bündig – **acusar** anklagen; beschuldigen – **enfurecer** wütend machen – **la captura** Festnahme – **el encarcelamiento** Haft

2 **el/la guionista** Drehbuchautor/in – **el/la sabueso** Schnüffler/in – **designar** bestimmen; auswählen – **la tarea** Aufgabe – **rastrear** verfolgen – **la huella** Spur – **la suerte** h.: Art; Sorte – **desmontar** demontieren; auseinandernehmen

3 **trazar** entwerfen; zeichnen – **inmaduro/-a** unreif – **la convicción** Überzeugung – **escabullirse de algo** etw. entkommen – **la crueldad** Grausamkeit – **minuciosamente** akribisch – **investigar** erforschen – **mero/-a** rein; bloß – **inventar** erfinden – **aportar a** bringen in – **la trama** Handlung – **disfrutable** h.: zu genießen – **la cinematografía** Kameraführung – **la dirección de arte** künstlerische Leitung – **la actuación** h.: schauspielerische Leistung

4 **la locura** Wahnsinn – **comedido/-a** wohlüberlegt; zurückhaltend – **el limbo** Rand – **el preciosismo** Präziosität; Affektiertheit – **la desmesura** Maßlosigkeit – **no en balde** nicht umsonst – **inducir a** verleiten zu

Estreno: 2016 • **Duración:** 107 min • **País:** Chile • **Director:** Pablo Larraín • **Guion:** Guillermo Calderón • **Música:** Federico Jusid • **Fotografía:** Sergio Armstrong • **Producción:** AZ Films, Fabula, Funny Balloons, Participant Media, Setembro Cine, Telefé • **Género:** Comedia. Deporte • **Reparto:** Luis Gnecco, Gael García Bernal, Mercedes Morán, Alfredo Castro, Pablo Derqui, Marcelo Alonso, Alejandro Goic, Jaime Vadell, Diego Muñoz, Francisco Reyes, Michael Silva, Víctor Montero

Nivel: C1 | Disponible en Amazon Prime

Antes de ver la película

1. **Busca información sobre los siguientes personajes y escribe brevemente en tu cuaderno quiénes fueron.**

Pablo Neruda • Gabriel González Videla • Óscar Peluchonneau • Delia del Carril • Maryka (María) Hagenaar

2. **Relaciona cada palabra del dialecto chileno con su sinónimo en español peninsular.**

a) criollo/-a	A maleducado/-a; grosero/-a	**a)**	
b) enojarse	B la gasolina	**b)**	
c) el/la paco/-a	C el/la policía	**c)**	
d) pinche	D enfadarse	**d)**	
e) roto/-a	E el cerdo	**e)**	
f) el/la milico/-a	F local; autóctono/-a	**f)**	
g) el chancho	G tonto/-a	**g)**	
h) la bencina	H maldito/-a	**h)**	
i) huevón/-ona <ugs.>	I el/la policía	**i)**	

Después de ver la película

3. **Responde a las siguientes preguntas sobre la película en tu cuaderno. Si estás en clase, compara tus respuestas con las de tus compañeros.**

a) ¿En qué contexto histórico se desarrolla la película?

b) ¿Qué le recomienda el Partido Comunista a Pablo Neruda cuando comienzan a perseguir a sindicalistas y comunistas?

c) ¿Quién es el narrador de la película?

d) ¿A qué amigo envía Neruda una carta para que denuncie la situación política en la que se encuentra Chile?

e) ¿Cómo intentan las autoridades desacreditar a Pablo Neruda?

f) ¿Qué nombre elige Pablo Neruda para poder marcharse del país?

g) ¿Dónde se exilia Pablo Neruda?

4. Investiga sobre la historia de Pablo Neruda y completa tu conocimiento sobre su vida durante el momento en que se desarrolla la acción de la película. Escribe los resultados teniendo en cuenta los siguientes aspectos. Si necesitas más espacio, usa tu cuaderno.

- ¿Qué hechos son reales en la película?
- ¿Hay alguna invención del director para hacer la historia más atractiva? ¿Cuál?
- Pon en común los resultados de tu investigación en grupo.

5. Debate en grupo o escribe un texto en tu cuaderno sobre la película donde des respuesta a las siguientes cuestiones. Razona tus respuestas.

- ¿Cuál es el argumento de la película?
- ¿Crees que la película representa con fidelidad el carácter del poeta?
- ¿Qué te ha parecido personalmente la película?
- ¿Qué escena o personaje te gusta más?

ENTREVISTA A ICÍAR BOLLAÍN, DIRECTORA DE 'YULI'

"No puedes contar una historia desarrollada en Cuba obviando su realidad"

'Yuli' cuenta *la historia del bailarín cubano Carlos Acosta.* | FOTO: *Getty Images/Stephane de Sakutin*

POR JANINA PÉREZ ARIAS

1 'YULI' cuenta parte de la historia del *afamado* bailarín cubano Carlos Acosta, quien *logró convertirse en* primera figura de significativas compañías de 'ballet'. Hizo historia al ser el primer Romeo afrodescendiente del Royal Ballet, y el primer bailarín 'no blanco' del 'Ballet' de Houston. La celebrada *directora* española Icíar Bollaín ('Te doy mis ojos', 'También la lluvia') y el *guionista* Paul Laverty ('El Olivo', 'Yo, Daniel Blake') se basaron en su autobiografía *'No mires atrás'* (2007), escrita por Carlos Acosta, para la realización de 'Yuli'.

2 **¿Cómo fue trabajar con los recuerdos de Carlos Acosta?**
Las biografías son muy grandes, y tampoco como lo cuenta Carlos es la realidad, es su versión. Cuando Paul [Laverty] y yo leímos la autobiografía, vimos varios caminos. Uno era la confrontación entre padre e hijo, que es un poco la *espina dorsal* de la historia, también estaba el tema racial, del *orgullo* de hombre negro que se ve en el padre, quien *proviene de* una clase más que trabajadora, *esclava*. Constituía un gran viaje que el *bisnieto* de un esclavo acabara bailando e interpretando a Romeo en el corazón de un imperio. Paul tuvo que decidir desde dónde íbamos a contar la historia, por lo que Paul hizo una selección muy clara con la *infancia*. Es que Carlos es Yuli solamente en su barrio y en su familia, en el resto del mundo es Carlos Acosta. La película se llama 'Yuli', porque es el *origen* de la persona, y la infancia, y donde *creces* es lo que te marca. Esas elecciones las hizo Paul desde el *guion* pensando que eso era lo que iba a destilar la esencia de esta persona. Yo creo que *acertó*, y a Carlos le sorprendió mucho cuando leyó el guion, dijo que aunque no era exacto, sí que estaba la esencia de lo que es él.

3 **Un elemento importante es el *entorno*, pero ¿fue una decisión *deliberada alejarte de* la imagen de Cuba que continuamente se ve en el cine?**
Ya estaba un poco en la biografía de Carlos y en la elección de contar esta historia que *se trata de* otra Cuba. *Aborda-*

0–1 **DESARROLLADO/-A EN** sich abspielend in – **obviar** ignorieren – **afamado/-a** berühmt – **lograr** schaffen – **convertirse en** sich entwickeln zu – **el/la director/a** Regisseur/in – **el/la guionista** Drehbuchautor/in – **'No mires atrás'** dt. Titel: 'Kein Weg zurück'
2 **la espina dorsal** Rückgrat – **el orgullo** Stolz – **provenir de** stammen aus – **esclavo/-a** versklavt – **el/la bisnieto/-a** Urenkel/in – **la infancia** Kindheit – **el origen** Ursprung – **crecer** aufwachsen – **el guion** Drehbuch – **acertar** das Richtige tun
3 **el entorno** Umgebung – **deliberado/-a** absichtlich – **alejarse de** sich entfernen von – **tratarse de** sich handeln um – **abordar** ansprechen; berühren – **agudo/-a** h.: schwer – **el/la balsero/-a** kubanischer Bootsflüchtling
4 **desgastado/-a** abgenutzt; verbraucht – **castigar** bestrafen – **apostar por** setzen auf – **dedicarse a algo** sich etw. widmen – **sufrir** erleiden
5 **afirmar** behaupten – **la percepción** Eindruck – **por desgracia** unglücklicherweise – **el/la actor/actriz** Schauspieler/in – **afectar a** betreffen – **tirar para/hacia adelante** weiter aufwärts gehen – **hacer frente a** trotzen

mos la Cuba del arte, la de un talento impresionante, casi desconocida. No es la Cuba (...) decadente, no tiene nada de eso. Es la Cuba de la familia de Carlos, como la de millones de familias que han vivido el exilio, el periodo especial (*aguda* crisis económica originada por la disolución de la Unión Soviética en 1989), la crisis de los *balseros* (en 1994)... Esa fue otra de las razones para hacer esta película.

4 Has incluido así mismo las consecuencias de un sistema político *desgastado*, ¿cómo crees que va a ser recibida esta película entre el público cubano y por el Gobierno de este país que censura y *castiga*?
A los cubanos no les contamos nada que no sepan. Es mucho más lo que han vivido y hasta peor, entonces no será una sorpresa. No puedes contar una historia desarrollada en Cuba obviando su realidad. Es real que el Gobierno ha reforzado el talento, *apostando por* las artes, y por eso un niño negro de un barrio pobre puede *dedicarse al* 'ballet'. Pero también es verdad que la gente *sufre* unos apuros económicos enormes. La película celebra el talento de Cuba, el arte y su gente, pero presentamos estas realidades, y no se puede obviar ni una cosa ni la otra.

5 En cuanto al racismo en Cuba, hay una versión oficial que *afirma* su inexistencia, ¿cuál fue tu *percepción*?
Creo que ese discurso es oficial en muchos países, *por desgracia*. Mi percepción es que en Cuba es un poco como en todas partes. Fue muy curioso el 'casting' porque había muy pocos *actores* negros, por eso fue muy difícil encontrar a quien interpreta al padre de Carlos. El cine no representa a la sociedad, pero ese es un problema que *afecta a* muchos países.

En líneas generales, ¿en qué medida cambió tu percepción de Cuba?
A lo largo de los años he ido en varias ocasiones a Cuba. Siempre me ha admirado su capacidad de resistir, de *tirar para adelante* con nada, *haciéndole frente a* esas inmensas dificultades económicas, inventando y resolviendo, como dicen ellos. Me sorprende también el nivel cultural, el talento en todas las disciplinas artísticas. (...)

Revista de la Prensa 10-03-2019

Janina Pérez Arias es periodista especializada en cine y televisión, escribe para diferentes medios en Latinoamérica y España.

Estreno: 2018 • **Duración:** 109 min • **País:** España • **Directora:** Icíar Bollaín • **Guion:** Paul Laverty • **Música:** Alberto Iglesias • **Fotografía:** Alex Catalán • **Producción:** Morena Films, Potboiler Productions, Galápagos Media, Hijo de Ogún, Producciones 5ta Avenida, Match Factory Productions, Movistar+, ICAIC, ICAA, Eurimages • **Género:** Drama. Biografía. Baile • **Reparto:** Carlos Acosta, Santiago Alfonso, Keyvin Martínez, Edison Manuel Olvera, Laura de la Uz, Yerlin Pérez, Mario Elías, Andrea Doimeadiós, Carlos Enrique Almirante, Cesar Domínguez

Nivel: **B2 – C1** | Disponible en Amazon Prime

Antes de ver la película

EJERCICIOS

1. 'Yuli' es una adaptación cinematográfica de la autobiografía de Carlos Acosta 'Sin mirar atrás'. Busca información sobre esta persona para contextualizar la película. Si necesitas más espacio, usa tu cuaderno.

- ¿Quién es?
- ¿A qué se dedica?
- ¿Dónde nació? ¿Dónde vive en la actualidad?
- ¿Por qué es famoso?

Después de ver la película

2. Marca los edificios y otras características de La Habana que aparecen en la película. Además, ¿qué imágenes se pueden relacionar con eventos importantes en la vida del protagonista? Explícalo en tu cuaderno y compara tus respuestas con las de tus compañeros.

a) *Gran Teatro de La Habana*

b) *Niños con el uniforme escolar típico*

c) *Crucero en La Habana*

d) *Típico sándwich cubano*

e) *El Malecón en La Habana*

f) *Castillo de los Tres Reyes del Morro y faro de La Habana*

| Fotos: *Getty Images*

3. **Responde a las siguientes preguntas sobre la película. Si estás en clase, compara tus respuestas con las de tus compañeros.**

a) ¿Qué opina al principio Yuli del 'ballet'? ¿Por qué?

b) ¿Por qué sus padres apodaron a Carlos como Yuli?

c) ¿Por qué razón acaba el padre de Yuli en la cárcel?

d) ¿Qué le ocurre a Berta, la hermana de Carlos?

e) ¿Dónde ganó Carlos Acosta su primera medalla de oro como bailarín profesional?

f) ¿Qué descubre Carlos sobre sus amigos cuando vuelve a Cuba después de una lesión? ¿Cómo reacciona?

g) ¿Qué hace Carlos Acosta tras su éxito internacional?

4. **En grupo, contestad a las siguientes preguntas para escribir una reseña de la película en vuestro cuaderno. Si lo necesitáis, usad las líneas de abajo para tomar notas.**

- ¿Cuál es el argumento y el tema central de la película?
- ¿Creéis que las actitudes de los personajes se ajustan a la realidad?
- ¿Qué aspectos de la película y qué personajes os han llamado más la atención?
- ¿Qué os ha parecido personalmente la película? ¿Os ha gustado? ¿Por qué (no)?
- ¿Qué escenas os gustan más? ¿Cuáles menos?

Alfonso Cuarón *junto con algunos de los productores y de los actores de 'Roma' durante el estreno de la película en la Cineteca Nacional, en 2018.* | FOTO: *Getty Images/Héctor Vivas*

'Roma'

Existen pocos filmes que se pueden catalogar como una '*obra maestra*'. 'Roma', escrita y *dirigida* por Alfonso Cuarón, es uno de ellos.

POR JANINA PÉREZ ARIAS

1 ROMA es el nombre del *vecindario* donde creció Alfonso Cuarón en Ciudad de México. De modo que estamos ante un relato íntimo, basado en la historia personal de este *realizador*. *Sin embargo,* el relato no se cuenta desde su punto de vista, sino a través de Cleo, la *nana* y *asistenta doméstica*. Cleo (interpretada por Yalitza Aparicio), *de origen mixteco*, trabaja en una casa de clase media en Ciudad de México, concretamente en la colonia Roma. Cleo es una chica joven, con su *compañera de labores* (Nancy García) arregla la casa, lava la ropa y *cuida a* los niños de la familia, quienes muestran un *afecto* especial hacia ella. Cleo los *consuela* cuando están tristes, los lleva a la cama por las noches, dicen la *oración* con ella, es Cleo quien les sirve la comida y juega con ellos. Cleo es, pues, como una segunda madre, aunque es la trabajadora doméstica de esa familia.

2 La memoria suele *jugarnos una mala pasada*, así que digamos que casi todo en 'Roma' corresponde a la realidad, porque está construida con los recuerdos de Cuarón, unidos a los de su familia y a los de la Cleo verdadera (que en realidad se llama Libo). Vemos el *abandono* del padre, la *desesperación* de la madre (interpretada por Marina de Tavira), el silencio de la abuela (Verónica García) y de cómo los niños *se mantienen* en su propio mundo de la infancia desconociendo lo que *sucede* a su alrededor. También Cuarón relata la historia más íntima de Cleo, de cuando se enamora, de cuando *se enfrenta a* una *maternidad imprevista*; pero esta *narración* la hace desde el más profundo respeto y amor incondicional.

3 Sencillamente, 'Roma' es una película hermosa que se puede ver varias veces, teniendo la sensación de que es la primera vez. Con cada *visionado* el *espectador descubre* un nuevo detalle y *matices*, una mirada diferente, un gesto desconocido. Todo en 'Roma' tiene un significado y, sin embargo, no es un filme que *satura* la vista ni el entendimiento. Esta *cinta* parecía un imposible, porque ¿cómo puede ser que una película tan personal, en blanco y negro, en castellano y mixteco (lengua *indígena* de México), sin *estrellas* cinematográficas como protagonistas, fascine a los especta-

0–1 **LA OBRA MAESTRA** Meisterwerk – **dirigir** h.: Regie führen – **el vecindario** Gemeinde – **el/la realizador/a** Regisseur/in – **sin embargo** jedoch – **la nana** h.: Kindermädchen – **la asistenta doméstica** Haushaltshilfe – **de origen mixteco** mixtekischer Herkunft – **el/la compañero/-a de labores** Arbeitskollege/-in – **cuidar a alguien** jmdn. betreuen – **el afecto** Zuneigung – **consolar** trösten – **la oración** Gebet
2 **jugar a alguien una mala pasada** jmdm. einen bösen Streich spielen – **el abandono** Verlassen – **la desesperación** Verzweiflung – **mantenerse** bleiben – **suceder** geschehen – **enfrentarse a algo** sich mit etw. konfrontiert sehen – **la maternidad imprevista** ungeplante Schwangerschaft/Mutterschaft – **la narración** Erzählung
3 **el visionado** Betrachten – **el/la espectador/a** Zuschauer/in – **descubrir** entdecken – **el matiz** Nuance – **saturar** sättigen – **la cinta** Film – **indígena** Indio… – **la estrella** Star – **el globo terráqueo** Erdball – **lograr** erreichen – **conseguir** schaffen – **echar por tierra algo** <Redewendung> etw. umschmeißen
4 **el telón de fondo** Hintergrund – **la implicación** Bedeutung – **desarrollarse en** spielen in – **cruento/-a** blutig – **captar** einfangen – **asesinar** töten – **disponerse a hacer algo** sich aufmachen/anschicken zu – **hilarse con** sich verweben mit – **constatar** feststellen – **la pesadumbre** Bedauern; Kummer – **azotar** wüten – **aún** immer noch – **sin duda alguna** zweifellos

dores a lo largo y ancho del *globo terráqueo*? Alfonso Cuarón *logra* que esta historia traspase las barreras culturales de gustos estéticos y generacionales, que salte la frontera del idioma, así como también *consigue echar por tierra* las reglas del negocio del cine.

4 Otro aspecto relevante de 'Roma' es el *telón de fondo* y sus *implicaciones* sociopolíticas. Esta película *se desarrolla en* los años 70, cuando México vivía una *cruenta* violencia. Específicamente se *capta* la Masacre de Corpus Christi (en 1971), en donde *fueron asesinadas* cientos de personas, en su mayoría estudiantes, a manos del grupo paramilitar Los Halcones. En aquel momento México *se disponía a* escribir un nuevo capítulo en su historia y, tal y como los personajes de 'Roma', se esperaba que todo fuera para mejor. El pasado de la colonia Roma y los recuerdos de Alfonso Cuarón *se hilan con* el México actual, para *constatar* con *pesadumbre* que la violencia sigue *azotando* el país, y que *aún* se mantienen las diferencias raciales y de clase. *Sin duda alguna*, 'Roma' pasará a la historia como una obra maestra, de las que llegan al corazón, de esas que el espectador jamás querrá ni podrá olvidar.

Revista de la Prensa 10-12-2018

Janina Pérez Arias es periodista especializada en cine y televisión, escribe para diferentes medios en Latinoamérica y España.

Estreno: 2018 • **Duración:** 135 min • **País:** México • **Director:** Alfonso Cuarón • **Guion:** Alfonso Cuarón • **Fotografía:** Alfonso Cuarón • **Producción:** Participant Media, Esperanto Filmoj, Netflix • **Género:** Drama social • **Reparto:** Yalitza Aparicio, Marina de Tavira, Marco Graf, Diego Cortina Autrey, Carlos Peralta, Daniela Demesa, Nancy García García, Verónica García, Latin Lover, Enoc Leaño, Clementina Guadarrama, Andy Cortés, Fernando Grediaga, Jorge Antonio Guerrero

Nivel: **B2 – C1** | Disponible en Netflix

Antes de ver la película

EJERCICIOS

1. **Describe el cartel de la película en tu cuaderno.**

| Foto: *Picture Alliance/Everett Collection*

2. **La lengua mixteca es un idioma que se habla a lo largo de la película. Investiga con un/a compañero/-a sobre este idioma y contestad en vuestro cuaderno a las siguientes cuestiones.**

- ¿Dónde se originó este idioma?
- ¿En qué lugares se habla hoy en día? ¿Por qué se habla en esas regiones?
- ¿Con cuántos hablantes cuenta la lengua actualmente?
- ¿Con qué tipo de escritura se representa el idioma?

Después de ver la película

3. **Observa los siguientes fotogramas y ordénalos cronológicamente. Después, escribe un resumen de la película en tu cuaderno.**

a) 

b) 

c) 

d) 

e) 

| Fotos: *Picture Alliance/Everett Collection*

1 ________

2 ________

3 ________

4 ________

5 ________

4. **En grupo, contestad a las siguientes preguntas para escribir una reseña de la película en vuestro cuaderno.**

- ¿Cuál es el argumento y el tema central de la película?
- ¿Creéis que las actitudes de los personajes se ajustan a la realidad?
- ¿Qué aspectos de la película y qué personajes os han llamado más la atención?
- ¿Qué os ha parecido personalmente la película? ¿Os ha gustado? ¿Por qué (no)?
- ¿Qué escenas os gustan más? ¿Cuáles menos?

| Foto: *Getty Images*

Drama

- *'Carmen y Lola',* de Arantxa Echevarría
- *'A cambio de nada',* de Daniel Guzmán
- *'Loreak',* de Jon Garaño y Jose Mari Goenaga
- *'Las herederas',* de Marcelo Martinessi
- *'Ixcanul',* de Jayro Bustamante

'Carmen y Lola'

Por Janina Pérez Arias

1 LOS *GITANOS quizás* sean una de las minorías menos representadas en el cine español. Cuando se los *retrata*, en la gran mayoría de los casos, se hace a través de un *tópico*, de un cliché, de una caricatura que *dista* mucho *de* la realidad. En 'Carmen y Lola', este no es el caso. Carmen (Rosy Rodríguez) tiene 17 años, *está a punto de* casarse y *está destinada,* como todas las mujeres gitanas, *a* quedarse en casa a *criar* a sus hijos y a *atender al* marido, anulando con ello su deseo de trabajar como peluquera. El futuro de Carmen corresponde a lo que por generaciones se ha venido repitiendo en la comunidad gitana, y así lo *asume*.

2 Un día conoce a Lola (Zaira Morales), de su misma edad, quien también trabaja los fines de semana con sus padres *atendiendo* un puesto de venta en un mercadillo madrileño. Lola es distinta, tiene otras *aspiraciones*, hasta ahora *ha rechazado comprometerse* para casarse, va al *instituto,* es un *alma* libre *sofocada* por las tradiciones gitanas. Lola de inmediato se enamora de Carmen, y ambas mantendrán un romance que las llevará a romper con sus respectivas familias.

La directora *Arantxa Echevarría y la actriz Carolina Yuste ganaron un Goya cada una por su trabajo en 'Carmen y Lola'.* | Fotos: *Getty Images/ SOPA Images/Jorge Guerrero*

3 La *directora* y *guionista* Arantxa Echevarría *logra* con 'Carmen y Lola' una de las mejores películas españolas de 2018 y tal vez de la historia de la cinematografía de este país. Echevarría se introduce en la comunidad gitana como una observadora, casi en plan documental *capta* el *costumbrismo,* plasmando por medio de la ficción lo que corresponde a la realidad de muchas familias de la mencionada minoría.

4 A través del maravilloso trabajo de sus *actores*, gitanos reales y sin ninguna experiencia *previa* en la actuación, la directora *plantea* problemas *recurrentes* como el racismo y la autoexclusión, así como la *precariedad laboral*; pero en especial pone a la luz problemas que *afectan* mucho más *a* las mujeres tales como el *ausentismo escolar*, los matrimonios pactados entre familias y, en general, el *destino al* que *están sometidas* las mujeres. Cuando Lola le dice a la trabajadora social Paqui (Carolina Yuste): "Es que las gitanas por no tener, no tenemos ni sueños", nos toca el alma.

5 *A pesar de* la *congoja*, sorprende la frescura de esta película, que se gana de inmediato toda la atención de los *espectadores*. Y para ello, Arantxa Echevarría no *recurre a* ningún efectismo ni a *artificialidades*. Una mención aparte *merece* la visibilidad que 'Carmen y Lola' le da a la homosexualidad en la comunidad gitana, la cual constituye un tabú. Echevarría *aborda* este tema con *valentía* y, más que con *cautela*, lo hace desde el respeto, con *honestidad* y sin *prejuicios*. Aunque esta es una historia de amor, la de Carmen y Lola, también corresponde a la búsqueda de la libertad y realización personal. Lo que causa una profunda tristeza y *sinsabor* es que en pleno *siglo* XXI chicas como ellas tengan que *desistir del* amor de sus familias y de ser parte de las mismas para poder llegar a ser personas de *libre albedrío*.

Revista de la Prensa 10-02-2019

Janina Pérez Arias es periodista especializada en cine y televisión, escribe para diferentes medios en Latinoamérica y España.

Estreno: 2018 • Duración: 103 min • **País:** España • **Directora:** Arantxa Echevarría • **Guion:** Arantxa Echevarría • **Música:** Nina Aranda • **Fotografía:** Pilar Sánchez Díaz • **Producción:** Tvtec servicios audiovisuales, ICAA • **Género:** Drama. Romántica. Homosexualidad. Adolescencia • **Reparto:** Zaira Romero, Rosy Rodríguez, Moreno Borja, Carolina Yuste, Rafaela León • **Nivel:** **B2 – C1** | Disponible en Amazon Prime

1 **el/la gitano/-a** Angehörige/r des Volkes der Sinti und Roma; Zigeuner/in – **quizá(s)** möglicherweise – **retratar** porträtieren – **el tópico** Klischee – **distar de** entfernt sein von – **estar a punto de hacer algo** kurz davor sein, etw. zu tun – **estar destinado/-a a** bestimmt sein für/zu – **criar** großziehen – **atender a alguien** sich jmdm. widmen – **asumir** annehmen; auf sich nehmen

2 **atender** sich kümmern um – **la aspiración** Wunsch; Streben – **rechazar** ablehnen – **comprometerse** h.: sich verloben – **el instituto** Gymnasium – **el** (fem.) **alma** Seele – **sofocado/-a** erstickt

3 **el/la director/a** Regisseur/in – **el/la guionista** Drehbuchautor/in – **lograr** schaffen – **captar** einfangen – **el costumbrismo** h.: Sitten und Gebräuche der spanischen Gesellschaft

4 **el/la actor/actriz** Schauspieler/in – **previo/-a** vorherige(r;s) – **plantear** aufwerfen – **recurrente** immer wiederkehrend – **la precariedad laboral** prekäre Arbeitsbedingungen – **afectar a** betreffen – **el ausentismo escolar** Schuleschwänzen – **el destino** Schicksal – **estar sometido/-a a algo** etw. ausgesetzt sein

5 **a pesar de** trotz – **la congoja** Kummer; Leid – **el/la espectador/a** Zuschauer/in – **recurrir a** zurückgreifen auf – **la artificialidad** Unnatürlichkeit – **merecer** verdienen – **abordar** angehen – **la valentía** Mut – **la cautela** Vorsicht – **la honestidad** Ehrlichkeit – **el prejuicio** Vorurteil – **el sinsabor** Verdruss – **el siglo** Jahrhundert – **desistir de** verzichten auf – **el libre albedrío** freier Wille

Antes de ver la película

1. **Relaciona las siguientes palabras usadas por los gitanos españoles que aparecen en la película con su significado. Si lo necesitas, usa un diccionario.**

el pedío • el/la chacho/-a • dar coba a alguien • mocear • el culto • la risión • ronear • ¡Undeber! • el/la payo/-a

a) Buscar pareja. ________________

b) Permiso que se pide a los padres de una chica para que dos jóvenes inicien una relación de novios. ________________

c) En idioma caló, variante del romaní, ligar. ________________

d) Halagar a alguien mediante buenas palabras para conseguir un objetivo. ________________

e) Forma coloquial abreviada de la palabra 'muchacho/-a'. ________________

f) Expresión de origen caló para expresar sorpresa o disgusto. ________________

g) Palabra usada para referirse a la misa o a una ceremonia religiosa. ________________

h) Entre gitanos, palabra que se usa para referirse a personas que no pertenecen al pueblo gitano. ________________

i) Persona, situación o cosa que produce risa. ________________

2. **Describe el cartel de la película y di quiénes pueden ser las personas que aparecen en él. Si lo necesitas, usa las líneas para tomar notas antes de empezar.**

____

____

____

____

____

____

____

____

____

____

| Foto: *Picture Alliance/Everett Collection*

Después de ver la película

3. **Contesta a las siguientes preguntas sobre los temas de la película con tu compañero/-a. Tomad notas y, después, juntos comentad las cuestiones en clase.**

- Tradicionalmente, ¿qué se espera de las mujeres gitanas?
- ¿Qué reacciones existen en torno a la homosexualidad de Lola? Pensad en las reacciones de sus padres, de Carmen y de los demás miembros de la comunidad gitana.
- ¿Cuáles son los lugares y los momentos de socialización de la comunidad gitana?
- ¿Cómo describiríais las ceremonias religiosas que se ven en la película?

4. **En grupo, contestad a las siguientes preguntas para escribir una reseña de la película.**

- ¿Cuál es el argumento de la película?
- ¿Qué os ha parecido personalmente la película? ¿Os ha gustado? ¿Por qué (no)?
- ¿Qué sensaciones os transmite la película?
- ¿Creéis que la actitud de las protagonistas es realista? ¿En qué aspectos?
- ¿Qué os ha parecido el final?

Antonio Bachiller, *Felipe Vélez, Daniel Guzmán, Luis Tosar, María Miguel, Miguel Herrán y Antonia Guzmán son parte del reparto de la ópera prima de Daniel Guzmán como director de 'A cambio de nada'.* | FOTOS: *Getty Images/ Juan Naharro*

'A cambio de nada'

Una película sobre la *juventud* y la amistad en el Madrid de los años ochenta.

POR RAMON AGUILÓ

1 NO TODOS los *actores se conforman con* ser solo actores y nada más. No a todos les *basta con* ponerse delante de la cámara y recitar de la manera más creíble un texto que ellos no han elegido. Algunos, *incitados* por la *curiosidad* y la fantasía, quieren ir más allá y ponerse al otro lado de la cámara. Este es el caso de Daniel Guzmán (Madrid, 1974), que ya *llamó* poderosamente *la atención* de la crítica en el año 2003 con su segundo *cortometraje* 'Sueños', ganador de la *Espiga de Oro* en la Semana Internacional de Cine de Valladolid (SEMINCI).

2 En este *laureado* cortometraje, Guzmán, que también había escrito el *guion*, quiso *retratar* los *temores*, sueños e *inquietudes* de su propia adolescencia en un *barrio* de Madrid. Y parece ser que a Guzmán no le bastó con un filme para evocar sus experiencias de juventud, pues más de una década después nos llega su primer *largometraje*: 'A cambio de nada'. Una película que evoca nuevamente aquellos jóvenes años en el difícil ambiente urbano de la capital española. Hace poco Guzmán explicaba así el carácter autobiográfico de su película: "He utilizado experiencias de mi vida para contar una historia que necesitaba sacar de mí. Esto fue *lo que me tocó vivir*. Para lo bueno y para lo malo mi vida ha sido lo que ha sido. Creo que la adolescencia juega un *papel* fundamental en la formación de las personas. Con esta película me he quedado en paz conmigo mismo".

3 Y hago referencia al difícil ambiente porque 'A cambio de nada' es una tragicomedia social *centrada en* la vida de dos jóvenes amigos, Darío y Luismi, de un barrio de la periferia madrileña, aunque el gran *protagonista* de la película es Darío, un *chaval* de quince años que no *encaja en* ninguna parte: en casa es objeto de las discusiones y *tensiones* entre sus padres *divorciados* y en el *instituto* lo quieren *expulsar* por sus malas notas. Las dos instituciones que simbólicamente representan a la autoridad y a las reglas durante la adolescencia, la familia y la escuela, están en constante conflicto con los *anhelos* y las *aspiraciones* de nuestro protagonista. La vida en su máximo atractivo, la libertad y sus peligros, todo esto no lo encuentra Darío en las *aulas* o en los libros que no lee; lo encuentra en la calle con Luismi, cuando ambos *se lanzan* en moto *por* la M-30 de Madrid para *disfrutar del vértigo* de la *velocidad*.

4 Aunque no todo es diversión en la vida de nuestro protagonista, *ni mucho menos*: Darío trabaja en el *taller* de Justo Caralimpia, una *especie* de segundo padre para él, un viejo mecánico de lo más *entrañable* y divertido, pero que acaba en la *cárcel* por vender motos robadas y otros delitos *de poca monta*. Para poder sacarlo de allí, ya que Justo no tiene a nadie de *confianza*, Darío tendrá que *meterse en* muchos *problemas* que *incluso* le llevarán ante el *juez* y le pondrán a él mismo al borde de la cárcel. Mientras, en la *imprevisible* noche madrileña, dando vueltas por la ciudad buscando *aventuras*, Darío conoce a Antonia, una *anciana* ➲

0–1 **LA JUVENTUD** Jugend – **el/la actor/actriz** Schauspieler/in – **conformarse con** sich zufriedengeben mit – **bastar con** ausreichen; genügen – **incitar** anspornen – **la curiosidad** Neugier – **llamar la atención** auffallen; ins Blickfeld geraten – **el cortometraje** Kurzfilm – **la Espiga de Oro** Goldene Ähre; Hauptpreis des Filmfestivals in Valladolid

2 **laureado/-a** preisgekrönt; ausgezeichnet – **el guion** Drehbuch – **retratar** porträtieren – **el temor** Befürchtung; Angst – **la inquietud** Interessen (Pl.) – **el barrio** Stadtviertel – **el largometraje** Spielfilm – **... lo que me tocó vivir** ... das was ich erlebte – **el papel** Rolle

3 **centrar en** konzentrieren/basieren auf – **el/la protagonista** Hauptdarsteller/in – **el/la chaval/a** Junge/Mädchen – **encajar en** hineinpassen in – **la tensión** Spannung – **divorciado/-a** geschieden – **el instituto** Gymnasium – **expulsar** verweisen; herauswerfen – **el anhelo** Sehnsucht – **la aspiración** Streben; Wunsch – **el** (fem.) **aula** Klassenzimmer – **lanzarse por** sich stürzen auf – **disfrutar de** genießen – **el vértigo** Rausch – **la velocidad** Geschwindigkeit

4 **ni mucho menos** keinesfalls – **el taller** Werkstatt – **la especie** Art – **entrañable** herzlich; lieb – **la cárcel** Gefängnis – **de poca monta** unbedeutend; unwichtig – **la confianza** Vertrauen – **meterse en problemas** sich Schwierigkeiten einbrocken – **incluso** sogar – **el/la juez/a** Richter/in – **imprevisible** unvorhersehbar – **la aventura** Abenteuer – **el/la anciano/-a** ältere/r Herr/Dame

que vive sola y *se dedica a recorrer* Madrid con su *motocarro* de madrugada, buscando todo tipo de muebles y *trastos* que vende después los domingos en el *Rastro*. Con ella, Darío logrará tener la relación de *afecto*, *cariño* y amistad que no puede tener ni con su padre ni con su madre.

5 *A pesar de* la *refrescante* aparición de Antonia (interpretada por Antonia Guzmán, abuela del director), que nos ayuda a ver la otra cara más *tierna* y sensible de Darío, quien *conquista* la simpatía del *espectador* es Luismi, el *fiel* amigo de Darío. Luismi es como un *Sancho Panza* pero en joven, muy racional y *cabal*, que *advierte* a su amigo sobre los peligros que *encierra* la noche madrileña. Y como todo buen *escudero*, Luismi jamás *abandona* a su amigo, aunque muchas veces se ve *arrastrado* por las situaciones y no le queda más *remedio* que compartir las locuras y *travesuras* de su amigo.

6 Y en cuanto a los actores, debemos *destacar* por encima de todos a Antonio Bachiller en su interpretación de Luismi. Bachiller le da a su personaje un *delirante toque* de *sabiduría* e *ingenuidad* muy divertido y que funciona siempre en las escenas más cómicas. Miguel Herrán está correcto en el papel de Darío, pero se aprecia que a veces no *está a la altura del* momento dramático de la película y se le nota un poco *forzado*, *tendiendo a* la *sobreactuación*. Completan el *reparto* un aceptable Luis Tosar haciendo de padre de Darío, María Miguel en el papel de madre de Darío y el *sempiterno* Miguel Rellán, uno de los *actores secundarios* más célebres y *prolíficos* del cine español, que en esta ocasión interpreta al profesor de instituto de Darío.

7 'A cambio de nada' es una película *ambientada* en los años ochenta, con las *particularidades* de ese tiempo: en ella se escucha constantemente la música de Julio Iglesias y Demis Roussos, las revistas pornográficas que *esconden* los mayores, los bolígrafos de cuatro colores y las llamadas por *teléfono fijo*. Esta buena ambientación, su ritmo *vivaz* y la buena consistencia de su historia *sirvieron para coronar* a 'A cambio de nada' como ganadora del pasado Festival de Cine de Málaga.

Revista de la Prensa 10-04-2016

– **dedicarse a** sich beschäftigen mit – **recorrer** abfahren; durchqueren – **el motocarro** Lieferwagen – **el trasto** Gerümpel; Zeug – **el rastro** Flohmarkt – **el afecto** Zuneigung – **el cariño** Liebe; Zuneigung

5 **a pesar de (que)** trotz; obwohl – **refrescante** erfrischend – **tierno/-a** sanft – **conquistar** erobern – **el/la espectador/a** Zuschauer/in – **fiel** treu – **Sancho Panza** Romanfigur aus Don Quijote – **cabal** redlich; aufrichtig – **advertir** warnen vor; hinweisen auf – **encerrar** enthalten – **el escudero** Schildknappe – **abandonar** verlassen – **arrastrar** mitreißen – **el remedio** Abhilfe; Lösung – **la travesura** Streich

6 **destacar** hervorheben – **delirante** wahnsinnig – **el toque** Hauch; Touch – **la sabiduría** Weisheit; Klugkeit – **la ingenuidad** Naivität – **estar a la altura de algo** etw. gewachsen sein – **forzado/-a** gezwungen – **tender a** neigen zu – **la sobreactuación** Übertreibung – **el reparto** Besetzung – **sempiterno/-a** immerwährend – **el/la actor/actriz secundario/-a** Nebenrolle – **prolífico/-a** fruchtbar; produktiv

7 **ambientar** ansiedeln – **la particularidad** Besonderheit; Eigenheit – **esconder** verstecken – **el teléfono fijo** Festnetztelefon – **vivaz** lebendig – **servir para** dienen zu – **coronar** <fig.> krönen

Estreno: 2015 • **Duración:** 93 min • **País:** España • **Director:** Daniel Guzmán • **Guion:** Daniel Guzmán • **Fotografía:** Josu Inchaustegui • **Producción:** El Niño Producciones, La Competencia, La Mirada Oblicua, Producciones, Ulula Films • **Género:** Drama. Adolescencia • **Reparto:** Miguel Herrán, Antonio Bachiller, Luis Tosar, María Miguel, Antonia Guzmán, Felipe Vélez, Patricia Santos, Miguel Rellán, Fernando Albizu, Sebastián Haro, Roberto Álvarez, Luis Zahera, Álex Barahona, Lara Sajén, Mariano Llorente, Carlos Olalla, Beatriz Argüello, Iris Alpáñez, Adelfa Calvo, Manolo Caro

Nivel: **B2** | Disponible en rtve.es

Antes de ver la película

EJERCICIOS

El director de la película, Daniel Guzmán, afirmó en una entrevista que la película tiene tintes autobiográficos: "He utilizado experiencias de mi vida para contar una historia que necesitaba sacar de mí. Esto fue lo que me tocó vivir. Para lo bueno y para lo malo mi vida ha sido lo que ha sido.
Creo que la adolescencia juega un papel fundamental en la formación de las personas.
Con esta película me he quedado en paz conmigo mismo".

1. **Investiga junto con un/a compañero/-a los datos biográficos de la infancia y la juventud del director. Juntos escribid la información en un cuaderno. Comparad vuestra investigación con la de vuestros compañeros si estáis en clase.**

Después de ver la película

2. Describe brevemente en tu cuaderno a los siguientes personajes.

a) Darío	**b)** Luismi
c) Justo	**d)** Antonia

3. Contesta en tu cuaderno a las siguientes preguntas sobre la película. Si estás en clase, compara tus respuestas con las de tus compañeros/-as.

a) ¿Qué le comunica el director del instituto a Darío?

b) ¿Qué hace Darío para intentar aprobar los exámenes?

c) ¿Qué descubren los padres de Darío cuando van al instituto para hablar con el director?

d) ¿Qué hace Darío después de dejar el instituto?

e) ¿Cuándo acaba la fiesta de cumpleaños de Antonia?

f) ¿Qué plan propone Justo a Darío para conseguir un buen abogado que le ayude a salir de la cárcel?

g) ¿Qué les ocurre a Luismi y a Darío cuando están acorralados por la policía?

h) ¿Qué tiene que hacer Darío después del juicio?

Daniel Guzmán no quiso detallar qué hechos de la película son autobiográficos y cuáles no: "Es una parte de mi vida, para lo bueno y para lo malo y, gracias a esa parte que he vivido, ahora soy la persona que soy y tengo la inquietud por contar estas cosas, porque las he vivido. Lo que es autobiográfico, el espectador puede averiguarlo o intuirlo".

4. Después de investigar sobre la biografía de Daniel Guzmán, comenta con tu compañero/-a los hechos de la película que pueden haberle ocurrido al propio director.

5. Debate en grupo o escribe un texto en tu cuaderno con las respuestas a las siguientes cuestiones. Razona tus respuestas.

- ¿Cuál es el argumento de la película?
- ¿Crees que las actitudes de los personajes se ajustan a la realidad?
  ¿Y los problemas que se describen?
- ¿Qué te ha parecido personalmente la película?
  ¿Qué escena y qué personaje te gusta más/menos?
- ¿Crees que el final de la película es realista?

'Loreak', una película vasca que rompe moldes en España

Por Ramon Aguiló

1 POR PRIMERA vez en la historia del cine español, una película vasca *rodada* enteramente en *euskera* ha sido seleccionada por la Academia de Cine Español para representar a España en los *célebres* Premios Óscar de Hollywood. Todo un *hito* que *merece* una breve explicación. Durante mucho tiempo en España *se sobreentendía* que una película española debía ser rodada en castellano. Los *actores*, los *guionistas*, el director podían ser gallegos, vascos, catalanes o andaluces, eso daba igual. La lengua en la que debían expresarse los actores, *sin embargo*, no era una *cuestión secundaria*. Película española era sinónimo de película hablada en castellano, *a pesar de que* el catalán, el euskera o el gallego son lenguas tan españolas como el castellano.

2 Si no fuera así, 'Loreak' no podría *haber sido elegida* para representar a España en los Óscar de este año. Del mismo modo, la película rodada exclusivamente en catalán 'Pa negre' ('Pan negro') tampoco hubiese podido representar a España en los Óscar del año 2011. Algo que ha sido tabú durante más de setenta años parece que ahora, gracias a los ejemplos *mencionados*, empieza *afortunadamente* a *desvanecerse*. Ahora bien, no debemos olvidar los enormes *prejuicios* que todavía existen en España sobre películas españolas rodadas en una lengua diferente del castellano. *Incluso* uno de los críticos de cine más emblemáticos de España, Carlos Boyero, del periódico 'El País', declaraba hace poco sus *reticencias* y reservas a la hora de *enfrentarse a* una película en euskera. Y como él, millones de españoles. Es curioso y algo patético *a la vez*, pero nadie se escandaliza a la hora de ver una película en chino, japonés, finlandés o sueco; sin embargo, ante una película en euskera, catalán o gallego, *enseguida* se encienden las alarmas y *cunde* el pánico entre los *espectadores*.

Los directores *de la película Jon Garaño y Jose Mari Goenaga, acompañados de los actores Itziar Ituño, Nagore Aranburu, Josean Bengoetxea e Itziar Aizpuro durante la sesión de fotos de 'Loreak' en el Festival Internacional de Cine de San Sebastián, en 2014.* | Foto: *Getty Images/ Carlos Álvarez*

3 La película 'Loreak' es el segundo *largometraje* de los *realizadores* Jon Garaño y Jose Mari Goenaga. Ambos habían trabajado ya juntos como guionistas de televisión y *dirigiendo* numerosos *cortometrajes* de animación, por los que habían obtenido varios *renombrados* premios. Gracias a estas experiencias pudieron *recaudar* el suficiente dinero para financiar lo que sería su primer proyecto de larga duración, '80 egunean' ('80 días').

4 Para 'Loreak', Garaño y Goenaga han elegido como *protagonistas* a Joxean Bengoetxea, a Nagore Aranburu, a Itziar Aizpuro y a Itziar Ituño, actores *apenas* conocidos entre el público español, *acostumbrado a* los actores estándar y *reconocibles* de las series nacionales. *No obstante*, como el título de la película ya *indica*, las verdaderas protagonistas de la película son las flores. *En torno a* ellas y a su simbo-

0–1 **'LOREAK'** <bask.> Blumen; amerik. Titel 'Flowers' – **vasco/-a** baskisch – **romper moldes** h.: bahnbrechend sein; neue Wege gehen – **rodar** drehen – **el euskera** Baskisch – **célebre** berühmt – **el hito** Meilenstein – **merecer** verdienen – **sobreentenderse** sich von selbst verstehen – **el/la actor/actriz** Schauspieler/in – **el/la guionista** Drehbuchautor/in – **sin embargo** jedoch; dennoch – **la cuestión secundaria** Nebensache – **a pesar de que** trotz; obwohl

2 **elegir** (aus)wählen – **mencionar** erwähnen – **afortunadamente** glücklicherweise – **desvanecerse** verschwinden; sich auflösen – **el prejuicio** Vorurteil – **incluso** sogar – **la reticencia** Widerwille; Vorbehalt – **enfrentarse a** sich konfrontiert sehen mit – **a la vez** zugleich – **enseguida** sofort – **cundir** sich ausbreiten – **el/la espectador/a** Zuschauer/in

3 **el largometraje** Spielfilm – **el/la realizador/a** Regisseur/in – **dirigir** Regie führen – **el cortometraje** Kurzfilm – **renombrado/-a** renommiert; angesehen – **recaudar** h.: sammeln; auftreiben

4 **el/la protagonista** Hauptdarsteller/in – **apenas** kaum – **acostumbrado/-a a** gewöhnt an – **reconocible** (wieder)erkennbar – **no obstante** dennoch – **indicar** angeben; hinweisen auf – **girar en torno a** sich drehen um – **la trama** Handlung – **el punto de vista** Perspektive; Standpunkt – **la conjunción** Verbindung – **desconectado/-a** nicht zusammenhängend – **alentar** ermutigen; antreiben – **promover** auslösen – **entrecruzarse** sich kreuzen

5 **el ramo** Strauß – **el luto** Trauer – **ocurrir** geschehen – **de repente** plötzlich – **el/la mensajero/-a** Bote/-in – **puntualmente** pünktlich – **depositar** hinterlegen – **esconderse** verborgen sein; sich verstecken

6 **desarrollarse** sich abspielen – **lúgubre** düster; schwermütig – **abundar** reichlich vorhanden sein – **el claroscuro** Halbdunkel – **frondoso/-a** dicht belaubt – **el atardecer** Abenddämmerung – **las afueras de la ciudad** Stadtrand – **fiel** getreu – **el logro** Errungenschaft – **el tratamiento** Behandlung; Bearbeitung – **particular** speziell; besonders – **desprender** ausströmen – **afectar** angehen; betreffen – **converger** zusammenlaufen – **perderse** verpassen

lismo *gira* toda la *trama* de 'Loreak', una trama que se nos muestra desde tres *puntos de vista* distintos, el de tres mujeres. Las flores son el elemento de *conjunción* de unas vidas aparentemente *desconectadas*. Ellas, las flores, *alientan* y *promueven* el encuentro entre los personajes, cuyas vidas *se entrecruzan* gracias a los dos grandes temas de la vida: el amor y la muerte.

5 Las flores simbolizan en la película el amor no dicho, el amor no declarado de alguien que envía cada semana, anónimamente, un precioso *ramo* a una mujer. Pero a la vez, las flores son el símbolo también del *luto*, del recuerdo por alguien que ha muerto y cuyo recuerdo no queremos que se pierda. ¿Qué *ocurrirá* si *de repente* el *mensajero* ya no trae *puntualmente* las flores y seguimos sin saber quién las envía? ¿Y qué ocurrirá si en el lugar donde alguien querido murió aparecen cada semana unas flores sin que nadie sepa quién las *deposita*? ¿Qué historias *se esconden* tras las flores? 'Loreak' es una película que cuenta lo que esconden los gestos, las miradas y los silencios de tres mujeres que gracias a la muerte aprenderán a amar, a recordar y a conocerse a sí mismas.

6 El ambiente en el que *se desarrolla* la película es hermosamente *lúgubre*, como casi todo el paisaje del País Vasco. *Abundan* los días de lluvia, los *claroscuros*, la niebla, los bosques *frondosos*, los *atardeceres* de luz amarilla en las *afueras de la ciudad*. Ese paisaje típicamente vasco es el *fiel* reflejo del estado interior de las protagonistas; de ahí que uno de los *logros* más importantes de la película sea el *tratamiento* de temas universales como el amor y la muerte desde un punto de vista tan *particular* como el vasco. Las emociones que *desprende* 'Loreak' son reales, vivas y creíbles porque pueden *afectar* a cualquier ser humano en cualquier lugar del mundo. Perder a un ser querido y luchar contra el olvido de su existencia, amar a alguien que apenas nos conoce, todo ello *converge* en esta bella película que habla de los límites del lenguaje y las palabras. No *se* la *pierdan*.

Revista de la Prensa 10-12-2015

Estreno: 2014 • **Duración:** 99 min • **País:** España • **Dirección:** Jon Garaño, Jose Mari Goenaga • **Guion:** Jon Garaño, Jose Mari Goenaga, Aitor Arregi • **Música:** Pascal Gaigne • **Fotografía:** Javier Agirre Erauso • **Producción:** Irusoin, Moriarti Produkzioak • **Género:** Drama • **Reparto:** Nagore Aranburu, Itziar Aizpuru, Itziar Ituño, Josean Bengoetxea, Ane Gabaraín, Egoitz Lasa, Jox Berasategui, Gotzon Sánchez, José Ramón Soroiz

Nivel: B1 | Disponible en DVD

EJERCICIOS

Antes de ver la película

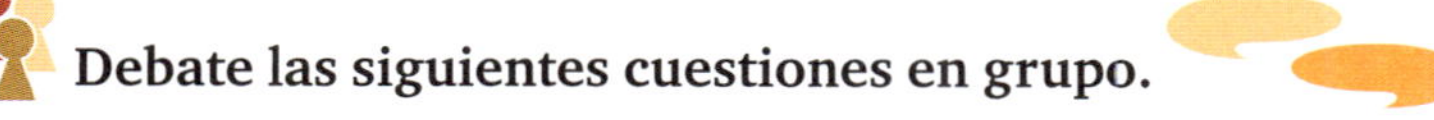

1. **Debate las siguientes cuestiones en grupo.**

- ¿En qué ocasiones especiales se regalan flores en tu entorno?
- De todos los eventos que habéis nombrado anteriormente, ¿cuáles creéis que aparecen en la película?

Después de ver la película

2. **Comenta con tu compañero/-a en cuántas partes se divide la película. Pensad en un título y un breve resumen para cada una de ellas. Si lo necesitáis, usad las líneas para tomar notas.**

3. **Contesta a las siguientes preguntas sobre la película en tu cuaderno. Si estás en clase, compara tus respuestas con las de tus compañeros/-as.**

a) ¿Con qué frecuencia recibe Ane las flores?

b) ¿Qué problema tienen Lourdes y Tere? ¿A quién afecta? ¿Por qué?

c) Según Tere, ¿cuándo mueren las personas?

d) ¿Cómo reacciona Lourdes cuando descubre que alguien deja flores a Beñat?

e) ¿Quién se queda al final con los restos de Beñat?

4. **Debate en grupo o escribe un texto en tu cuaderno sobre la película donde des respuesta a las siguientes cuestiones. Si lo necesitas, usa las líneas para tomar notas. Razona tus respuestas.**

- ¿Qué temas aparecen en la película?
- ¿Qué te ha parecido personalmente la película?
- De entre todos los personajes principales de la película, ¿quién es el centro de la historia?
- ¿Qué emociones experimentan los personajes principales?
- ¿Qué te ha parecido el final de la película? ¿Crees que es realista?

'Las herederas'

Paraguay no es precisamente conocido por ser un país de producción cinematográfica masiva, pero con 'Las herederas', Marcelo Martinessi *se ha encargado de* poner en el mapa cinematográfico a su *país de origen*.

POR JANINA PÉREZ ARIAS

1 ESCRITO y dirigido por Martinessi, *se trata de* su primer *largometraje* coproducido con Alemania, Noruega, Uruguay y Brasil. 'Las herederas' fue uno de los filmes *galardonados* en la pasada edición del Festival Internacional de Cine de Berlín; tratándose de un filme paraguayo, este es un hecho que se puede *considerar* toda una *hazaña*. En 'Las herederas' se narra la historia de Chiquita y Chela, *sesentonas*, de familias *pudientes* en el pasado. Ambas llevan décadas viviendo juntas en el *caserón* de la familia de Chela (Ana Brun). En vista de que el *patrimonio* heredado *se va achicando*, al punto de estar al borde de la *precariedad*, empiezan a vender sus *pertenencias*.

2 En esta relación *evidentemente* amorosa y *dependiente*, Chiquita 'Chiqui' (Margarita Irún) es quien *lleva la voz cantante*, mientras que Chela, con sus *achaques* de salud, *se somete a* sus decisiones. A causa de una vieja acusación de *estafa*, Chiqui va a parar a la *cárcel*, donde tendrá que *cumplir* una *condena* de varios meses. Chela permanece en su casa con sus *temores* y sus *quebrantos* de salud, que son más bien *infundados*, quedando bajo los *cuidados* de la *asistenta del hogar*. Sin Chiqui a su lado, Chela inicia un proceso de *redescubrimiento*. Chela es pintora, como lo fueron varios miembros de su familia, así como amigos cercanos cuyas *obras* (de valor) *aún* decoran el caserón venido a menos. Chela pertenece a una élite en decadencia, un estado que se refleja en el deterioro de su casa, con los techos húmedos y las paredes descoloridas, pero con *lámparas de araña adornando* los salones.

3 'Las herederas' es una historia de mujeres, donde los hombres están *desdibujados*, casi *desaparecidos*. Y esta es una *muestra* de cómo la mujer es el motor de la sociedad en Paraguay, tal como *sucede* en muchos países hispanohablantes; un rol que, por lo general, no *está reconocido*. Marcelo Martinessi narra con *asombrosa delicadeza* el proceso de cambio de Chela. Por ciertas *circunstancias* vemos cómo poco a poco Chela *se deshace de* su *soledad*, va venciendo cada uno de sus temores y se siente atraída por Angy (Ana Ivanova), quien constituye además una *fuente* de erotismo y sensualidad. Sin embargo, lo más importante para Chela es cómo Angy le muestra el camino de la libertad personal y de la independencia.

4 Con pocos elementos, grandes actuaciones y *sencillez* en los diálogos, 'Las herederas' es *sin lugar a dudas* una de las mejores películas de la cinematografía latinoamericana *reciente*. A través de sus maravillosos personajes femeninos, Martinessi realiza una *inestimable* y *corajuda* radiografía de la sociedad paraguaya, concretamente de una élite decadente que se niega a *sucumbir*, así como de quienes *esconden* su identidad sexual, en un país donde en pleno *siglo* XXI *predominan* los *designios* del conservadurismo y de la Iglesia católica.

Revista de la Prensa 10-09-2018

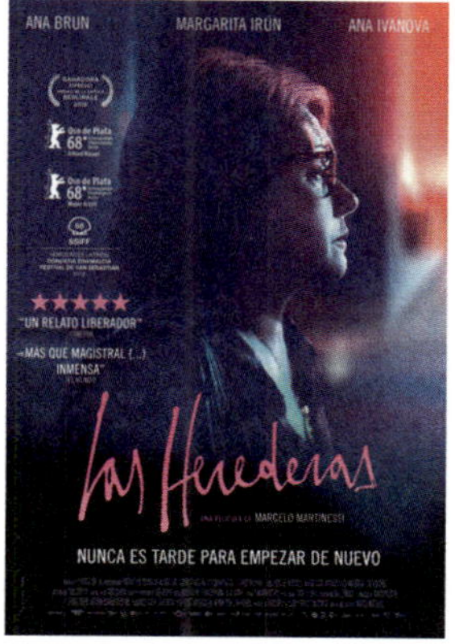

'Las herederas' *es la primera película de Paraguay en ganar dos Osos de Plata en la Berlinale y el premio de la crítica internacional. A pesar de ello, quince días antes de su estreno en Paraguay, organizaciones paraguayas religiosas pedían por las redes sociales el boicot a la película "por promover el lesbianismo y la infidelidad en las parejas del mismo sexo".* | FOTO: *Picture Alliance/ Everett Collection*

Janina Pérez Arias es periodista especializada en cine y televisión, escribe para diferentes medios en Latinoamérica y España.

Estreno: 2018 • **Duración:** 97 min • **País:** Paraguay • **Director:** Marcelo Martinessi • **Guion:** Marcelo Martinessi • **Fotografía:** Luis Armando Arteaga • **Producción:** La Babosa Cine, Pandora Film, Mutante Cine, Norsk Filmprodksjon A/S, Esquina Filmes • **Género:** Drama. Homosexualidad • **Reparto:** Ana Brun, Margarita Irún, Ana Ivanova, Nilda González, María Martins, Alicia Guerra • **Nivel:** B2 – C1 | Disponible en Amazon Prime

0–1 **EL/LA HEREDERO/-A** Erbe/-in – **encargarse de** sich etw. annehmen; sich befassen mit – **el país de origen** Herkunftsland – **tratarse de** sich handeln um – **el largometraje** Spielfilm – **galardonado/-a** ausgezeichnet – **considerar** ansehen als – **la hazaña** Höchstleistung – **el/la sesentón/-ona** Sechzigjährige/r – **pudiente** wohlhabend – **el caserón** großes (verwahrlostes) Haus – **el patrimonio** Besitz; Erbe – **irse achicando** langsam immer kleiner werden – **la precariedad** h.: Armut – **las pertenencias** Habseligkeiten
2 **evidentemente** offensichtlich – **dependiente** abhängig – **llevar la voz cantante** den Ton angeben – **el achaque** Beschwerde – **someterse a** sich fügen – **la estafa** Betrug – **la cárcel** Gefängnis – **cumplir una condena** eine Haftstrafe verbüßen – **el temor** Angst – **el quebranto** Kummer – **infundado/-a** unbegründet – **el cuidado** Pflege – **el/la asistente/-a del hogar** Haushaltshilfe – **el redescubrimiento** Wiederentdeckung – **la obra** Werk – **aún** immer noch – **la lámpara de araña** Kronleuchter – **adornar** schmücken
3 **desdibujado/-a** verschwommen; unscharf – **desaparecido/-a** verschwunden; absent – **la muestra** Beweis – **suceder** geschehen – **reconocer** anerkennen – **asombroso/-a** erstaunlich – **la delicadeza** Fingerspitzengefühl – **la circunstancia** Umstand – **deshacerse de algo** etw. loswerden; sich etw. entledigen – **la soledad** Einsamkeit – **la fuente** Quelle
4 **la sencillez** Einfachheit – **sin lugar a dudas** ohne Zweifel – **reciente** jüngst – **inestimable** unschätzbar – **corajudo/-a** mutig; couragiert – **sucumbir** sterben; untergehen – **esconder** verbergen – **el siglo** Jahrhundert – **predominar** vorherrschen – **el designio** Ziel; Absicht
Foto **el estreno** Premiere

Antes de ver la película

1. **Describe el cartel de la película en tu cuaderno y di quién puede ser la persona que aparece en él. ¿Qué significado puede tener la frase?**

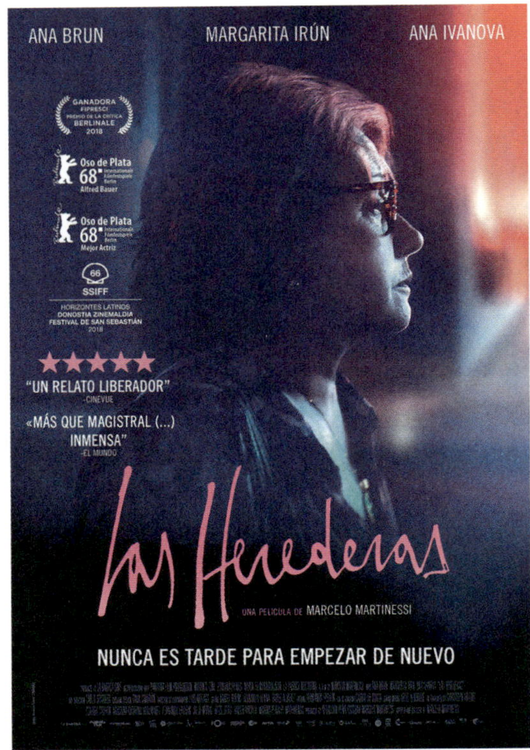

| Foto: *Picture Alliance / Everett Collection*

Después de ver la película

2. **Ordena los siguientes fotogramas de la película cronológicamente.**

a) 

 ______

b) 

 ______

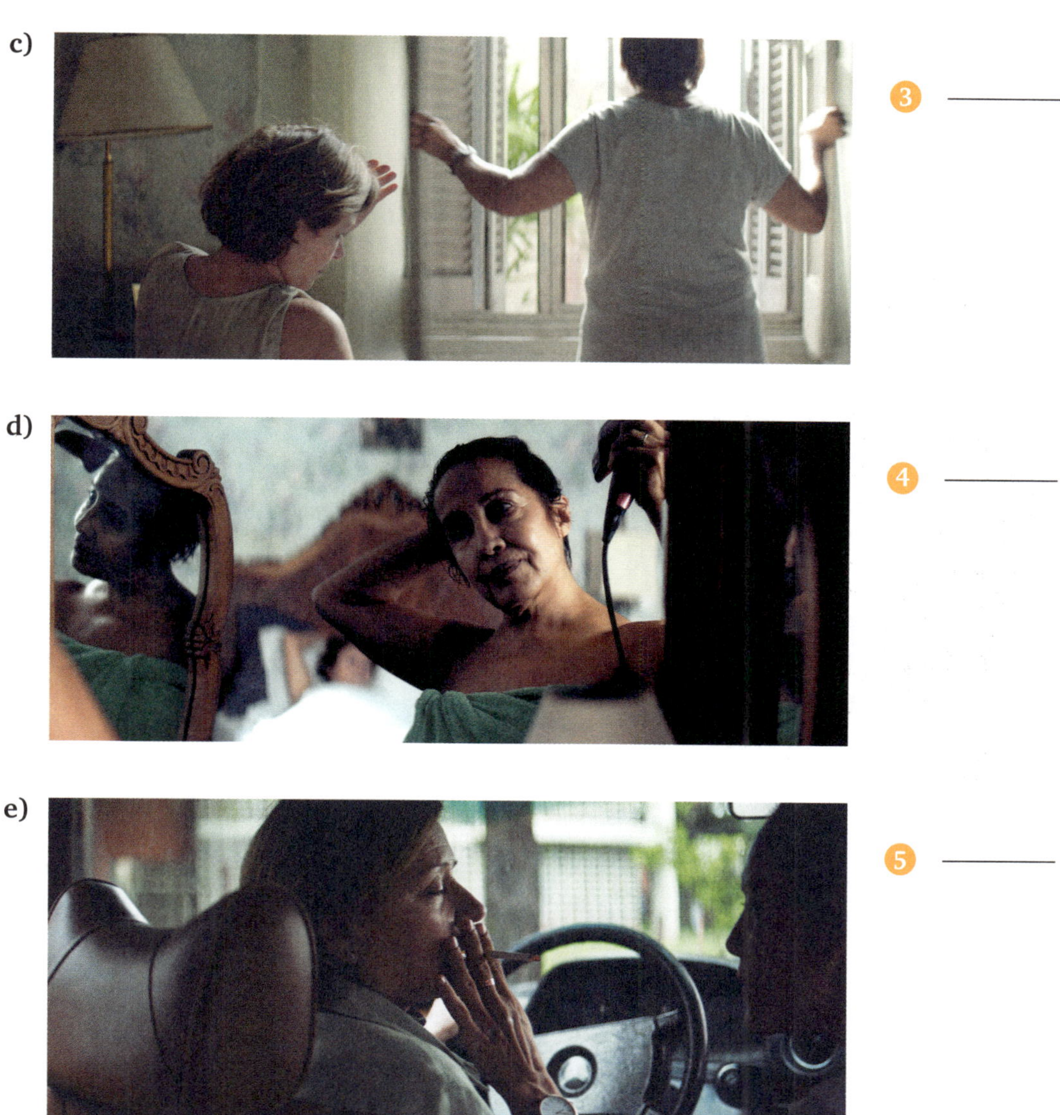

c) 3 ______

d) 4 ______

e) 5 ______

| Fotos: *Picture Alliance/Everett Collection*

3. **Debate con tu compañero/-a qué temas presenta el director en la película. Después, juntos escribidlos brevemente en vuestro cuaderno poniendo en común vuestras ideas.**

4. **Debate en grupo o escribe un texto en tu cuaderno con las respuestas a las siguientes cuestiones. Razona tus respuestas.**

- ¿Cuál es el argumento de la película?
- ¿Crees que las actitudes de los personajes se ajustan a la realidad? ¿Y los problemas que se describen?
- ¿Qué te ha parecido personalmente la película?
- ¿Qué escena y qué personaje te gusta más/menos? Razona tu respuesta.

"Mamá, ¿qué hay detrás del volcán?"

El trabajo *del director novel y las actrices les valió un gran reconocimiento en festivales internacionales de cine.* | Foto: *Getty Images*

Por David Capuchino Santos

1 'IXCANUL', la palabra que le da título a una de las películas más aclamadas de Jayro Bustamante, *procede del cachiquel* y significa 'volcán' en castellano. El idioma y el propio título no están elegidos *al azar*, pues prácticamente todos los diálogos de la película *se desarrollan en* cachiquel –*perteneciente a* las lenguas mayas; se habla en Guatemala y México–. La acción del *largometraje* del director guatemalteco se desarrolla en un área rural de Guatemala, al lado de un volcán activo.

2 La protagonista de la historia es María (María Mercedes Coroy), una joven *indígena* de 17 años. Ella, como otras muchas jóvenes de su condición, tiene que *resignarse a* un *matrimonio concertado* con Ignacio (Justo Lorenzo), el dueño de las tierras donde sus padres trabajan. El principal motivo de este matrimonio es el miedo de los padres a perder su casa y su trabajo, y tener que empezar de cero. Una plaga de *serpientes venenosas impide* el trabajo en la tierra y el matrimonio de su hija con Ignacio sería suficiente para recibir un *trato de favor* y mantener lo poco que tienen. *Sin embargo, consciente de* la vida que le espera y con el *anhelo* de conocer otras perspectivas, María quiere *escaparse* con Pepe (Marvin Coroy), un joven que le promete que si tienen relaciones sexuales la llevará con él a Estados Unidos.

3 La otra protagonista es la madre de María, Juana (María Telón), que es una mujer extrovertida y alegre. Es, pues, la *antítesis* de María, de carácter *tímido* y reservado. En su matrimonio, Juana lleva la iniciativa sexual con su marido, Manuel (Manuel Antún), y hace de vínculo en su núcleo familiar cuando Manuel está molesto por el *embarazo* de María, fruto de su relación con Pepe. Es una mujer que muestra *ternura* y comprensión con sus seres queridos en los momentos más difíciles, sin perder la fortaleza que la caracteriza.

4 La *ópera prima* de Jayro Bustamante *carece de* una música que acompañe a la acción, excepto las piezas típicas que se tocan en ceremonias religiosas y ritos propios de la comunidad indígena. La *banda sonora* son los mismos sonidos de la naturaleza, lo que le *confiere* un gran realismo a la historia. El director presenta una comunidad donde *apenas* hay *avances* tecnológicos o modernos; donde nadie sabe español, situación *de* la que *se aprovechan* los *terratenientes*, quienes sí suelen dominarlo; donde el *destino* de sus habitantes es trabajar la tierra y donde las *costumbres supersticiosas* están a la orden del día. El largometraje se realiza desde la perspectiva de los indígenas; los personajes externos al poblado en el que viven María y su familia aparecen de forma esporádica.

5 El debut de Jayro Bustamante como director tuvo un gran *reconocimiento* por parte de la crítica y el público, a tal punto que llegó a tener varias nominaciones, de las que ganó hasta doce premios en total. Entre ellos *destacan* el Oso de Plata en el Festival Internacional de Cine de Berlín, el premio a la mejor película en los festivales de cine de Guadalajara y Cartagena, el premio del Sindicato Francés de la Crítica de Cine, además del premio a la mejor ópera prima de ficción en los Premios Platino del Cine Iberoamericano en 2016.

1 **PROCEDER DE** stammen aus; kommen von – **el cachiquel** Maya-Sprache Cakchiquel – **al azar** zufällig – **desarrollarse en** sich abspielen in – **perteneciente a** gehörig zu – **el largometraje** Spielfilm

2 **el/la indígena** Indiomann/-frau – **resignarse a** sich fügen in – **el matrimonio concertado** arrangierte Ehe – **la serpiente venenosa** giftige Schlange – **impedir** behindern – **el trato de favor** Vorzugsbehandlung; Begünstigung – **sin embargo** jedoch – **consciente de** bewusst – **el anhelo** Sehnsucht – **escaparse** ausreißen; fliehen

3 **la antítesis** Gegenteil – **tímido/-a** schüchtern – **el embarazo** Schwangerschaft – **la ternura** Zärtlichkeit

4 **la ópera prima** Erstlingswerk – **carecer de** nicht haben/ aufweisen – **la banda sonora** Soundtrack – **conferir** verleihen – **apenas** kaum – **el avance** Fortschritt – **aprovecharse de algo** etw. ausnutzen – **el/la terrateniente** Großgrundbesitzer/in – **el destino** Schicksal; Bestimmung – **la costumbre** Sitte; Brauch – **supersticioso/-a** abergläubisch

5 **el reconocimiento** Anerkennung – **destacar** hervorstechen

Estreno: 2015 • **Duración:** 91 min • **País:** Guatemala • **Director:** Jayro Bustamante • **Guion:** Jayro Bustamante • **Música:** Pascual Reyes • **Fotografía:** Luis Armando Arteaga • **Producción:** La Casa de Producción, Tu Vas Voir Production • **Género:** Drama • **Reparto:** María Mercedes Coroy, María Telón, Manuel Antún, Justo Lorenzo, Marvin Coroy

Nivel: B1 | Disponible en DVD

Antes de ver la película

1. **El cachiquel es el principal idioma de la película. Investiga con un/a compañero/-a sobre este idioma y juntos contestad en vuestro cuaderno a las siguientes cuestiones.**

- ¿A qué familia pertenece?
- ¿Con cuántos hablantes cuenta la lengua hoy en día?
- ¿En qué lugares se habla en la actualidad?
- ¿Qué dialectos tiene el idioma?

Después de ver la película

2. **Describe el siguiente fotograma de la película en tu cuaderno. ¿Sabrías decir a qué escena de la película se corresponde la imagen?**

| Foto: *Picture Alliance/Everett Collection*

3. **Debate con tu compañero/-a qué temas presenta el director en la película. Después, juntos escribidlos brevemente en vuestro cuaderno poniendo en común vuestras ideas.**

4. **Debate en grupo o escribe un texto en tu cuaderno con las respuestas a las siguientes cuestiones. Razona tus respuestas.**

- ¿Cuál es el argumento de la película?
- ¿Crees que las actitudes de los personajes se ajustan a la realidad? ¿Y los problemas que se describen?
- ¿Qué te ha parecido personalmente la película? ¿Qué escena y qué personaje te gusta más/menos? Razona tu respuesta.

| Foto: *Picture Alliance*

Acción/ Crimen

- ***'Élite',*** de Ramón Salazar y Dani de la Orden
- ***'La casa de papel',*** de Álex Pina
- ***'Tarde para la ira',*** de Raúl Arévalo

El elenco de 'Élite' *durante el estreno mundial de la serie en 2018, en Madrid.* | Foto: *Getty Images/Samuel de Román*

'Élite'

Por Janina Pérez Arias

1 DESPUÉS DE ver 'Élite' *me enfrento a* la pregunta: ¿qué *engancha* de esta serie? La respuesta es una obviedad: todo. Y no hay que ser adolescente para *reconocerlo*, ni *avergonzarse* de que en plena *adultez* la historia de estos chicos te mantenga *atrapada* a lo largo de los ocho capítulos de aproximadamente 50 minutos que componen la primera *temporada*. Creada por Carlos Montero y Darío Madrona, ha resultado ser todo un *éxito*, *colocándose* como la serie española más vista a nivel mundial en Netflix junto a *'La casa de papel'*. Asimismo, *no es de extrañar que* ya se *haya anunciado* su quinta temporada.

2 La historia de 'Élite' se inicia cuando el *instituto* del pueblo colapsa. Los estudiantes, *provenientes de* familias de pocos recursos, inmigrantes, *obreros*, *parados*, *son reubicados* en diferentes *centros de enseñanza*. En cambio, Nadia (Mina El Hammani), Samuel (Itzan Escamilla) y Christian (Miguel Herrán) son seleccionados para estudiar en Las Encinas, un exclusivo instituto privado, donde "se educa a la clase que dirigirá el futuro del país".

3 'Élite' es una serie *destinada* principalmente *al* público adolescente, pero también es un 'thriller'. En Las Encinas se *ha cometido* un *asesinato*, y ya en el primer capítulo se *devela* quién es la *víctima*; pero la investigación del crimen es el *hilo conductor* de la historia. Desde el principio queda claro que se producirá un choque entre las clases sociales. El 'mobbing' y diversos episodios de *humillación hacen cuesta arriba* la integración de los tres recién llegados. Curiosamente, la intolerancia se produce de parte y parte, *ya que* unos y otros se refieren a las diferencias entre el "mundo de los ricos" y el "mundo de los menos privilegiados", que vienen a ser "los *pringados* de la sociedad", tal como declara uno de los personajes. Pero ¿a dónde va a llevar todo esto? ¿Es que *acaso* no existe ninguna posibilidad de *conciliación*?

4 En el primer capítulo se presentan ya casi todos los conflictos potenciales, las posibles uniones y diferencias, los puntos de encuentro entre los chicos, así como un *bosquejo* de cada uno de los personajes. A veces 'Élite' se siente como una telenovela de alto nivel, con los amores imposibles, los *celos*, las intrigas; y también *recurre al estereotipo* como en el caso de Nano (Jaime Lorente), quien es el hermano de Samuel. Un chico que *recientemente* ha salido de la *cárcel* y que quiere por todos los medios dejar atrás su pasado *delictivo*. A través de los personajes se plantean varios temas de relevancia como el *clasismo* y el racismo en la sociedad española (*extensibles a* cualquier sociedad europea); pero también varios tipos de criminalidad: desde el *tráfico de drogas* a poca escala ejercido por Omar (Omar Ayuso), el

1 **ENFRENTARSE A ALGO** sich etw. gegenübersehen – **enganchar** süchtig machen – **reconocer** anerkennen – **avergonzarse** sich schämen – **la adultez** Erwachsenenalter – **atrapado/-a** <fig.> gefesselt; gefangen – **la temporada** Staffel – **el éxito** Erfolg – **colocarse** sich platzieren – **'La casa de papel'** dt. Titel: 'Das Haus des Geldes' – **no es de extrañar que** es ist kein Wunder, dass – **anunciar** ankündigen

2 **el instituto** Gymnasium – **proveniente de** stammend aus – **el/la obrero/-a** Arbeiter/in – **el/la parado/-a** Arbeitslose/r – **reubicar** verlegen – **el centro de enseñanza** h.: Schule

3 **destinado/-a a** bestimmt für – **cometer** begehen – **el asesinato** Mord – **develar** aufdecken – **la víctima** Opfer – **el hilo conductor** Leitfaden – **la humillación** Demütigung – **hacer cuesta arriba algo** etw. sehr schwer machen – **ya que** denn; weil – **el/la pringado/-a** <ugs.> h.: Verlierer/in – **acaso** möglicherweise – **la conciliación** Versöhnung

4 **el bosquejo** Skizze; Entwurf – **los celos** (Pl.) Eifersucht – **recurrir a** zurückgreifen auf – **el estereotipo** Klischee – **recientemente** vor Kurzem – **la cárcel** Gefängnis – **delictivo/-a** kriminell – **el clasismo** Klassenbewusstsein – **extensible a** übertragbar auf – **el tráfico de drogas** Drogenhandel –

soborno y el *chantaje*, pasando por el caso de corrupción que originó el *derrumbe* del edificio del instituto en el pueblo.

5 A través de la familia de Omar y Nadia, 'Élite' intenta adentrarse en el *seno* de una familia musulmana. Nadia es una de las mejores estudiantes del instituto, tiene grandes *aspiraciones profesionales*. Lleva hiyab por propia *convicción*, aunque a veces más bien parece llevarlo por protección. En el nuevo instituto se lo prohíben, y allí se presenta una de las polémicas con las que nos enfrentamos en la vida real. ¿Es el hiyab un símbolo religioso, y *como tal* debería prohibirse en un centro de enseñanza *laico*? Pero en ese colegio, donde los alumnos llevan uniforme, ¿qué pasa con los otros símbolos tan *reveladores*?

6 En 'Élite' hay sexo, o más bien, menos romanticismo y mucho sexo. ¿Que si está justificado? *En gran medida* sí, porque los personajes, cuyas edades *oscilan entre* los 16 y los 18 años, están descubriendo su sexualidad. Hay personajes que *exponen* su homosexualidad, otros descubren sus *apetencias*. Pero también se *aborda* la infección por el virus de la inmunodeficiencia humana (*VIH*), no como una *remota* posibilidad, sino como un *hecho*. 'Élite' se deja ver, engancha al espectador y abre el debate sobre *polémicos* temas sociales. Estamos, pues, frente a una nueva manera de *concebir* una serie para adolescentes, en realidad también muy apta para los adultos.

Revista de la Prensa 10-01-2019
Actualizado 07-09-2021

Janina Pérez Arias es periodista especializada en cine y televisión, escribe para diferentes medios en Latinoamérica y España.

---

el soborno Bestechung – **el chantaje** Erpressung – **el derrumbe** Einsturz
5 **el seno** Schoß – **la aspiración profesional** Berufswunsch – **la convicción** Überzeugung – **como tal** als solches – **laico/-a** weltlich – **revelador/a** aufschlussreich
6 **en gran medida** weithin – **oscilar entre** liegen zwischen – **exponer** ausstellen – **la apetencia** Wunsch; Verlangen – **abordar** anschneiden – **el VIH** HIV – **remoto/-a** rein; bloß – **el hecho** Tatsache – **polémico/-a** umstritten – **concebir** begreifen

Estreno: 2018-actualidad • **Duración:** 50 min • **País:** España • **Dirección:** Carlos Montero, Darío Madrona, Ramón Salazar, Dani de la Orden, Silvia Quer, Jorge Torregrossa • **Guion:** Carlos Montero, Darío Madrona, Breixa Corral, Abril Zamora, Jaime Vaca, Carlos C. Tomé, Almudena Ocaña, Andrés Seara • **Música:** Lucas Vidal • **Fotografía:** Ricardo de Gracia, Daniel Sosa • **Producción:** Zeta Audiovisual, Netflix España • **Género:** Drama. 'Thriller'. Crimen. Homosexualidad. Adolescencia • **Reparto:** Miguel Bernardeau, Mina El Hammani, Itzan Escamilla, Danna Paola, Ester Expósito, Arón Piper, Omar Ayuso, Álvaro Rico, Miguel Herrán, María Pedraza, Jaime Lorente, Claudia Salas, Jorge López, Ainhoa Santamaría

Nivel: B2 | Disponible en Netflix

Antes de ver el primer capítulo

EJERCICIOS

1. **Relaciona las siguientes palabras y expresiones que aparecen en el primer capítulo de 'Élite' con su significado. Si lo necesitas, usa un diccionario.**

bajar los humos a alguien • lavar la imagen • sobar • el/la pijo/-a • manejar el cotarro • el/la integrista • echar el ojo

a) Ser el/la líder de un lugar o una actividad. ____________

b) Forma despectiva de llamar a un/a musulmán/-ana. ____________

c) Fijarse o seleccionar a alguien o algo. ____________

d) Mostrar una cara amable al público por parte de empresas o empresarios de dudosa ética. ____________

e) Coloquial: dormir. ____________

f) Poner a alguien que normalmente es arrogante en el lugar que le corresponde. ____________

g) Persona de clase social alta que se comporta y se viste como tal. ____________

Después de ver el primer capítulo

2. Escribe un resumen del primer capítulo de 'Élite' en tu cuaderno.

3. Describe a los siguientes personajes con todos los detalles que recuerdes en tu cuaderno.

a) Samuel	**b)** Nadia
c) Christian	**d)** Marina
e) Guzmán	**f)** Carla
g) Lucrecia	**h)** Ander
i) Polo	**j)** Nano

4. En grupo, recordad la información en el capítulo sobre la puesta de largo y contestad a las siguientes preguntas. Si es necesario, buscad más información en Internet. Si necesitáis más espacio, usad vuestro cuaderno.

- ¿En qué consiste la puesta de largo?
- ¿Cuál es su origen?
- ¿Cuál es el vestuario típico?
- ¿Quiénes son los invitados a una puesta de largo?

5. En grupo, pensad quién puede haber sido el asesino de Marina y escribidlo en vuestro cuaderno. Justificad vuestra respuesta.

'La casa de papel'

Por Janina Pérez Arias

1 CON 'LA CASA DE PAPEL' estamos ante un verdadero fenómeno televisivo. Creada por Álex Pina, primero *emitida* en España por la *cadena* Antena 3, y *transmitida* mundialmente a través de Netflix en 200 países, tiene la *particularidad* de que *ha enganchado* a una audiencia muy heterogénea. Pero ¿qué han visto tantas personas en esta serie como para *ver del tirón* sus 15 capítulos?

2 En la historia se encuentra parte de la respuesta: el Profesor (Álvaro Morte) *recluta* a un grupo muy *dispar* de 'outsiders', que en realidad no tienen nada que perder. Cada uno de ellos está especializado en una *destreza delictiva*, con un *prontuario policial* y, *por ende, perseguidos por la ley*. El plan que les propone el Profesor es tomar la *Fábrica Nacional de Moneda y Timbre* para imprimir durante 128 horas el *botín*. Nada más y nada menos que 2.400 millones de euros *recién* imprimidos. Después de convivir cinco meses en una casa en medio de la nada, y hacerse llamar por nombres de ciudades para *evitar* todo contacto y *prejuicio* personal, Tokio (Úrsula Corberó), Denver (Jaime Lorente), Nairobi (Alba Flores), Moscú (Paco Tous), Berlín (Pedro Alonso), Río (Miguel Herrán), Helsinki (Darko Peric) y Oslo (Roberto García) *asaltan* la fábrica y toman a un grupo de *rehenes* compuesto por empleados y visitantes. Y es en ese momento cuando el espectador se ve en medio del *vertiginoso desarrollo* de la *trama*.

3 Todo está calculado al detalle. Hasta el punto que los *imprevistos* y *jugarretas del azar* han sido *tomados en cuenta* por el cerebro de toda la operación: el Profesor. *A medida que* pasan las horas, se van desarrollando las acciones y se *cumple* cada una de las *'predicciones'*. *Paulatinamente* se *ponen en marcha* diferentes planes para *lograr* el *objetivo*. Si bien 'La casa de papel' es una serie *policiaca*, logra un buen balance de géneros, *ya que* se mezclan el *suspense*, el romance, la comedia, el misterio, el drama y hasta la aventura. En esta serie es notable la *impecable producción*, la cual hace que los fallos en la dramaturgia *pasen por alto*.

'La casa de papel' *narra el atraco perfecto a la Fábrica Nacional de Moneda y Timbre en Madrid. La mente que idea este plan es el Profesor, un hombre que recluta a ocho personas para llevar a cabo el gran golpe.* | Fotos: *Picture Alliance/Netflix*

0–1 **'LA CASA DE PAPEL'** dt. Titel: 'Haus des Geldes' – **emitir** ausstrahlen – **la cadena** h.: Sender – **transmitir** übertragen – **la particularidad** Besonderheit – **enganchar** <ugs.> fesseln; süchtig machen – **ver del tirón** hintereinanderweg sehen
2 **reclutar** anwerben – **dispar** ungleich – **la destreza** Fertigkeit; Können – **delictivo/-a** kriminell – **el prontuario policial** h.: Vorstrafenregister – **por ende** folglich – **perseguido/-a por la ley** vom Gesetz verfolgt – **la Fábrica Nacional de Moneda y Timbre – Real Casa de la Moneda (FNMT-RCM)** span. Banknotendruckerei und Münzprägeanstalt – **el botín** Beute – **recién** h.: frisch – **evitar** verhindern – **el prejuicio** Vorurteil – **asaltar** überfallen – **el/la rehén** Geisel – **vertiginoso/-a** atemberaubend – **el desarrollo** Entwicklung – **la trama** Handlung
3 **el imprevisto** unvorhergesehenes Ereignis – **la jugarreta del azar** Spiel/Streich des Zufalls – **tomar en cuenta** berücksichtigen – **a medida que** während – **cumplir** erfüllen – **la predicción** Vorhersage – **paulatinamente** allmählich – **poner en marcha** starten – **lograr** erreichen – **el objetivo** Ziel – **policiaco/-a** h.: Krimi... – **ya que** da – **el suspense** Spannung; h.: Thriller – **impecable** tadellos – **pasar algo por alto** über etw. hinwegsehen
4 **oportuno/-a** angebracht – **el atraco** Überfall – **suelto/-a** einzeln – **entreabrir** halb aufmachen – **el acierto** Volltreffer – **el/la guionista** Drehbuchautor/in – **delatar** verraten – **exigir** verlangen
5 **solventar** lösen – **involucrarse** h.: sich einlassen – **tener algo a su cargo** für etw. verantwortlich sein – **adictivo/-a** süchtig machend – **la acotación** Randbemerkung

Estreno: 2017-actualidad • **Duración:** 70 min • **País:** España • **Dirección:** Álex Pina, Jesús Colmenar, Miguel Ángel Vivas, Alex Rodrigo, Alejandro Bazzano, Koldo Serra, Javier Quintas • **Guion:** Álex Pina, Esther Martínez Lobato, Javier Gómez Santander, David Barrocal, Pablo Roa, Esther Morales • **Música:** Iván M. Lacámara, Manel Santisteban • **Fotografía:** Miguel Ángel Amoedo, David Azcano, Sergi Bartrolí, Mike Valentine • **Producción:** Vancouver Media, Atresmedia Televisión, Netflix • **Género:** 'Thriller'. Intriga. Crimen • **Reparto:** Álvaro Morte, Úrsula Corberó, Itziar Ituño, Alba Flores, Paco Tous, Najwa Nimri, Pedro Alonso, Miguel Herrán, Jaime Lorente, Esther Acebo, Enrique Arce, María Pedraza, Darko Peric, Fran Morcillo, Kiti Mánver

Nivel: B1 – B2 | Disponible en Netflix

4 Aunque es Tokio quien narra la historia, gracias a *oportunos* 'flashbacks' se llega a conocer a todos los personajes. Lo que se ve en estos 'flashbacks' no es precisamente la vida anterior de los miembros de la banda, sino la fase de preparación del *atraco*, la convivencia del grupo y algunas frases *sueltas* en las conversaciones entre ellos que *entreabren* algo del pasado. En este sentido ha sido un gran *acierto* de su creador y *guionista* apelar a la inteligencia de los espectadores, porque ya no queremos que se *delate* cada detalle de las historias. Lo que queremos y *exigimos* como audiencia es contribuir a montar el puzle.

5 El Profesor no es solamente el creador del atraco, sino la única persona fuera de la fábrica para *solventar* cualquier eventualidad. El suspense también recae sobre el Profesor, quien constatará que no puede controlarlo todo, mucho menos el *involucrarse* sentimentalmente con Raquel (Itziar Ituño), la detective de policía que *tiene a su cargo* la operación. Todos estos elementos hacen de esta serie una de las más *adictivas* del momento. Y como *acotación* final: independientemente del final, o más bien del destino final de cada uno de los personajes, desde la emisión de 'La casa de papel' las máscaras de Salvador Dalí ya tienen otro significado.

Revista de la Prensa 10-03-2018

Janina Pérez Arias es periodista especializada en cine y televisión, escribe para diferentes medios en Latinoamérica y España.

Antes de ver el primer capítulo

EJERCICIOS

1. **Relaciona las siguientes palabras y expresiones que aparecen en la película con su significado. Si lo necesitas, usa un diccionario.**

quedar como a un Cristo/santo dos pistolas • entrar hasta la cocina • el zeta • el/la rehén • el atraco • el salvoconducto • el talego • inmortalizar

a) Forma de referirse coloquialmente a la cárcel. ____________

b) Expresión usada para una combinación que queda mal o no se corresponde. ____________

c) Introducirse en un lugar sin la autorización o permiso de alguien. ____________

d) Tomar una foto. ____________

e) Persona retenida para obtener algo a la fuerza. ____________

f) Acción de asaltar para realizar un robo. ____________

g) Libertad para hacer algo sin temor de castigo. ____________

h) Forma de referirse entre los policías y delincuentes a los coches de la Policía. ____________

Después de ver el primer capítulo

2. **Ordena los siguientes fotogramas del primer capítulo cronológicamente.**

a) ① ________
b) ② ________
c) ③ ________
d) ④ ________
e) ⑤ ________
f) ⑥ ________

| Fotos: *Picture Alliance/Everett Collection*

3. **¿Qué habilidades le llaman la atención al Profesor de las personas que elige para el atraco? Coméntalo con tu compañero/-a y juntos escribid en vuestro cuaderno los nombres en clave de estas personas y a qué se han dedicado cada una de ellas.**

4. **Formad grupos de cuatro personas y comentad las siguientes cuestiones.**

- ¿Qué os ha parecido el primer capítulo?
- ¿Qué pensáis que ocurrirá en el segundo capítulo?
- Hasta ahora, ¿qué personaje os gusta más/menos? ¿Por qué?
- ¿Cómo pensáis que puede terminar el atraco?

'Tarde para la ira', la ópera prima de Raúl Arévalo

POR RAMON AGUILÓ

1 ¿QUIÉN NO conoce a Raúl Arévalo? Nos hemos reído tantas veces con él que resulta difícil imaginarse el cine español de la última década sin la presencia de este *actor* madrileño, nacido en el barrio de Móstoles hace 38 años. Yo lo *descubrí* en *'AzulOscuroCasiNegro'* (2006) haciendo el *papel* de Israel, un divertido joven que *presumía* ante todo el mundo *de* parecerse a Sean Penn, el célebre actor norteamericano. Y desde entonces, nunca me *ha defraudado*. Tampoco en sus últimas *incursiones* en películas que nada *tienen que ver con* la comedia y el humor, como su papel de detective de *homicidios* en la inquietante *'La isla mínima'* (2014).

2 Lo que yo ignoraba era que Arévalo, que ya tiene a sus espaldas más de 30 películas y numerosas *apariciones* en *exitosas* series de televisión, también sabe ponerse detrás de las cámaras y dirigir. Y de qué manera. El resultado podemos verlo en su primer *largometraje*, 'Tarde para la ira', del cual Arévalo es también *guionista* junto a David Pulido. Cabe decir que no *se trata de* una película comercial en la que invertiría *ciegamente* cualquiera, sino de un *arriesgado* proyecto que finalmente se ha consumado tras 10 años de *esfuerzos* rebuscando por todas las productoras españolas la financiación necesaria.

3 Y bien, ¿de qué va 'Tarde para la ira'? ¿Cuál es su *argumento*? Si tuviésemos que *escoger* una palabra para definirla, ninguna mejor que *'venganza'*. 'Tarde para la ira' es una reflexión sobre la venganza en el significado más amplio de la palabra. ¿Cómo nace el deseo de venganza? ¿Qué lo *alimenta* y *perpetúa*? ¿Hay *espacio* para el perdón en la venganza? ¿Hay espacio para el amor? La película nos confronta violentamente con estas preguntas sin responder a ellas de una manera *inequívoca*, dejando que el *espectador* saque sus propias conclusiones. En el centro de la *trama* se encuentra José, interpretado por Antonio de la Torre, que vive obsesionado con vengar la muerte de su novia, una *dependienta* de una joyería que *fue* brutalmente *asesinada a golpes* durante un *atraco*. Para ello, buscará por todo Madrid a los *culpables* e *incluso* empezará una relación amorosa con la mujer de uno de ellos, Curro, al que da vida un espléndido Luis Callejo, que tras 8 años de *cárcel* por el *asalto recobra* la libertad con la intención de empezar una nueva vida con su novia de toda la vida y su hijo.

4 Ahora bien, la obsesión de José está siempre latente y solo se materializa *crudamente* cuando llega el momento de la verdad y hay que matar. El resto del tiempo, esa obsesión únicamente *resplandece* en el interior de sus ojos, en la mirada de un hombre tranquilo que prepara pacientemente la *culminación* de su venganza. Incluso en su *trato* con Curro, alguien que *desprende* violencia en cada gesto y en cada palabra, José siempre mantiene la *calma*. Y este es uno de los grandes *méritos* de la película y del trabajo de *dirección* de Arévalo: cuanto más *sosegado* aparece José, cuanto más reflexiva es su cólera, más interesante y rica se vuelve su relación con el resto de personajes. *No en vano*, cuando la película fue presentada en el Festival Internacional de Cine de Toronto, lo hizo bajo el nombre de 'The Fury of a Patient Man', un título que *encaja* perfectamente *con* el carácter del protagonista.

Raúl Arévalo, *el director de 'Tarde para la ira' junto con los actores Antonio de la Torre (José) y Luis Callejo (Curro) en la presentación de la película en el Festival Internacional de Cine de Venecia en septiembre de 2016.* | FOTO: *Getty Images/Ian Gavan*

5 A parte de las ya mencionadas actuaciones de Antonio de la Torre y Luis Callejo, es necesario *destacar* también la corta pero excepcional aparición del actor Manolo Solo, que interpreta a uno de los atracadores de los que quiere vengarse José. El *reparto* de la película lo completa Ruth Díaz en el papel de Ana, la mujer de Curro, una chica *desgarrada* por la espera y el *desamor* que deberá *enfrentarse al* futuro para *superar* el pasado. Por este trabajo, Ruth Díaz obtuvo

0–1 **LA IRA** Zorn – **la ópera prima** Erstlingswerk – **el/la actor/actriz** Schauspieler/in – **descubrir** entdecken – **'AzulOscuroCasiNegro'** dt. Titel: 'dunkelblaufastschwarz' – **el papel** Rolle – **presumir de** angeben/prahlen mit – **defraudar** enttäuschen – **la incursión** h.: Streifzug – **tener que ver con** zu tun haben mit – **el homicidio** Mord – **'La isla mínima'** dt. Titel: 'Mörderland'

2 **la aparición** Auftritt – **exitoso/-a** erfolgreich – **el largometraje** Spielfilm – **el/la guionista** Drehbuchautor/in – **tratarse de** sich handeln um – **ciegamente** blindlings – **arriesgado/-a** riskant – **el esfuerzo** Anstrengung; Bemühung

3 **el argumento** Handlung – **escoger** auswählen – **la venganza** Rache – **alimentar** nähren – **perpetuar** aufrechterhalten – **el espacio** Raum – **inequívoco/-a** eindeutig – **el/la espectador/a** Zuschauer/in – **la trama** Handlung – **el/la dependiente/-a** Verkäufer/in; Angestellte/r – **asesinar** ermorden – **a golpes** gewaltsam – **el atraco** Überfall – **el/la culpable** Schuldige/r – **incluso** sogar – **la cárcel** Gefängnis – **el asalto** Überfall – **recobrar** wiedererlangen

4 **crudamente** unerbittlich; rigoros – **resplandecer** funkeln; leuchten – **la culminación** Höhepunkt – **el trato** Umgang – **desprender** ausströmen – **la calma** Ruhe – **el mérito** Leistung; Verdienst – **la dirección** <Film> Regie – **sosegado/-a** ruhig; gelassen – **no en vano** nicht umsonst – **encajar con** passen zu

5 **destacar** hervorheben – **el reparto** <Film> Besetzung – **desgarrado/-a** zerrissen – **el desamor** Verlust der Liebe – **enfrentarse a algo** sich etw. stellen – **superar** überwinden

el premio a la mejor actriz de la sección Horizontes en el Festival Internacional de Cine de Venecia 2016.

6 Sabemos que la acción de la película *tiene lugar en* Madrid. *No obstante*, lo que se nos muestra no es el Madrid turístico o más conocido, con sus edificios emblemáticos y sus famosos paseos, sus museos y sus turistas, sino el *sombrío* Madrid de *extrarradio*, un Madrid sucio y canalla en el que nada ni nadie es lo que parece. Y en el centro de toda la trama, *enlazando* vidas y *destinos*, uniendo gente y separándola, *nos encontramos con* el lugar más español que existe, con el permiso de la Iglesia: el *entrañable* bar de barrio, que *regenta* Ana junto a su hermano. La puesta en escena realista de la película *convierte* al bar *en* un personaje más, en un *testigo* privilegiado de esta *desgarradora* historia.

7 Y este es también uno de los grandes *logros* de la película, su espléndida *ambientación*, que en todo momento está al servicio de los personajes, *enriqueciéndolos* y *cargándolos de* personalidad. Por último, habría que *recalcar* que, *a pesar de* ser una película sobre la venganza y la violencia de la venganza, Arévalo jamás *se recrea en* la agresión física durante toda la película, aunque hay escenas brutales. La película no muestra una violencia gratuita, cargada de efectos especiales, como *ocurre* en el cine más comercial, sino la que *emerge* siempre *de* la situación límite en la que se encuentran *presos* los personajes. Visto lo visto, pues, solo nos queda felicitar a Raúl Arévalo por esta primera película y *confiar en* que no *tarde* otros 10 años *en rodar* otra.

Revista de la Prensa 10-02-2017

El actor Luis Callejo *posa ante el cartel de 'Tarde para la ira' durante su presentación en 2016 en el Cine Palafox Madrid.* | FOTO: *Getty Images/Juan Naharro*

6 **tener lugar en** spielen in – **no obstante** dennoch – **sombrío/-a** düster – **el extrarradio** Außenbezirk; Umgebung – **enlazar** verbinden – **el destino** Schicksal – **encontrarse con** treffen/stoßen auf – **entrañable** herzlich – **regentar** betreiben; führen – **convertir en** verwandeln in; machen zu – **el testigo** Zeuge/-in – **desgarrador/a** herzzerreißend

7 **el logro** Errungenschaft – **la ambientación** <Film> Szenenbild – **enriquecer** bereichern – **cargar de** belegen mit – **recalcar** betonen; unterstreichen – **a pesar de** obwohl – **recrearse en** sich sonnen in; h.: sich verlieren in – **ocurrir** geschehen – **emerger de** auftauchen aus – **preso/-a** gefangen – **confiar en** hoffen auf – **tardar en** (Zeit) brauchen zu – **rodar** drehen

Estreno: 2016 • **Duración:** 92 min • **País:** España • **Director:** Raúl Arévalo • **Guion:** Raúl Arévalo, David Pulido • **Música:** Lucio Godoy • **Fotografía:** Arnau Valls Colomer • **Producción:** La Canica Films, Televisión Española (TVE), Netflix • **Género:** Drama. Crimen • **Reparto:** Antonio de la Torre, Luis Callejo, Ruth Díaz, Manolo Solo, Alicia Rubio, Raúl Jiménez, Font García

Nivel: B2 | Disponible en Netflix

Antes de ver la película

1. **Relaciona las siguientes palabras y expresiones que aparecen en la película con su significado. Si lo necesitas, usa un diccionario.**

lo que no está en los escritos • salir de Málaga y meterse en Malagón • tirar para adelante • el vis a vis • el órdago • el farol • el talego

a) En juegos de cartas, jugada falsa hecha para despistar a los rivales. ______

b) Algo tan inusual que no ha sido visto con anterioridad. ______

c) Salir de una mala situación para meterse en una peor. ______

d) Coloquialmente: la cárcel. ______

e) Visita privada de un familiar o amigo a un preso. ______

f) En el juego del mus, jugada en la que se apuestan todos los puntos que faltan para acabar la partida. ______

g) Continuar con la vida a pesar de las dificultades. ______

2. **Piensa en el título de la película. ¿Qué crees que significa 'Tarde para la ira'? ¿Qué significados puede tener la palabra 'tarde' en este contexto? ¿Cuál crees que va a ser el argumento de la película en función del título? Si estás en clase, coméntalo con tu compañero/-a y juntos escribid vuestras conclusiones. Si necesitáis más espacio, usad vuestro cuaderno.**

______

______

______

______

______

______

______

______

______

Después de ver la película

3. **Contesta a las siguientes preguntas sobre la película en tu cuaderno. Si estás en clase, compara tus respuestas con las de tus compañeros/-as.**

a) ¿Qué ocurre durante las primeras escenas?

b) ¿Cómo se llama el bar que frecuenta José?

c) ¿Qué le propone Ana a José cuando pasan la noche juntos?

d) ¿Por qué José le propone a Ana irse a pasar unos días en el pueblo?

e) ¿Quiénes son las víctimas del atraco en la joyería?

f) Cuando José pregunta a Curro por los que participaron en el atraco a la joyería, ¿qué responde Curro? ¿Quiénes fueron realmente?

g) ¿Cuál era el mote de Santi? ¿Cómo le llaman ahora?

4. **Después de ver la película, ¿el argumento es diferente a lo que habías pensado antes de verla? ¿En qué cosas difiere? Explícalo brevemente.**

____

____

____

____

____

____

____

____

____

____

____

____

____

____

____

5.  **En grupo, contestad a las siguientes preguntas para escribir una reseña de la película.**

- ¿Qué os ha parecido la película? ¿Os ha gustado? ¿Por qué (no)?
- ¿Qué sentimientos o sensaciones os transmite la película?
- ¿Qué dilema(s) moral(es) presenta la película?
- ¿Creéis que la actitud del protagonista es realista? ¿En qué aspectos?
- ¿Qué os ha parecido el final? ¿Pensáis que es realista?

1. Clásicos y directores de cine en español

P. Almodóvar: 'Todo sobre mi madre' | Pág. 6

1. **Beispiellösung:**

Creo que el director hace esta dedicatoria a las personas que más influyentes han sido en su vida. En mi opinión, Pedro Almodóvar considera ídolos a Bette Davis, Gena Rowlands y Romy Schneider porque, de alguna forma, le han influido tanto que él considera que son como sus madres. También hace mención a todas las madres y, en especial, a su propia madre, con quien, como es públicamente conocido, el director tenía una relación muy especial. Quizás con esta dedicatoria Almodóvar se refiere a las madres que luchan por sus hijos.

2. **a) C • b) D • c) F • d) A • e) B • f) E**

3. **Beispiellösung:**

Esteban por fin lo ha conseguido; ha contactado con su padre, que le espera en el parque de Montjuic, en Barcelona. Después de llegar a la ciudad en bus y comer algo en la estación, Esteban coge otro bus para llegar al parque. En el camino, Esteban se fija en una mujer. Ella le sonríe. Le parece raro, por eso Esteban piensa que es simpática. Esteban se acerca a ella y comienzan a charlar.
ESTEBAN. —Hola. ¿Está este asiento ocupado? LOLA. —No, puedes sentarte si quieres. ESTEBAN. —Quería preguntarte por qué sonríes al verme... LOLA. —Porque me recuerdas a alguien que hace mucho tiempo que no veo, fíjate... (Lola llora). Pero no pasa nada, ¿sabes? Hoy voy a volver a verlo. Espero que él no se asuste mucho... ¿Y tú? ¿Estás de visita en Barcelona? ESTEBAN. —Sí, he venido para encontrarme con mi padre. No lo conozco, solo he podido escribirle una carta a la que me contestó para quedar hoy en el parque de Montjuic. No tengo fotos de él ni sé cómo es... (el autobús llega a su destino y los dos se bajan) LOLA. — ¿Y cómo te llamas? ESTEBAN. —Me llamo Esteban, ¿y tú? LOLA. —Me llamo Lola, pero yo también me llamo Esteban, como tú (dice, mientras llora y se acerca para abrazarlo). ESTEBAN. —¿Qué pasa? LOLA. —Yo soy tu padre, Esteban. Yo quise conocerte, pero tu madre se fue de Barcelona asustada y no pude conocerte... Como ves, tampoco hubiera sido el mejor padre... ESTEBAN. —(confuso) ¿Cómo que tú eres mi padre, Lola...? LOLA. —Yo soy la persona a la que buscas, Esteban. Verás, yo también me llamaba como tú antes de ser Lola... ESTEBAN. —(llora y abraza a Lola) ¡Papá! (después de pasar un tiempo con su padre, Esteban decide llamar a Manuela para contarle todo) MANUELA. —(entre lágrimas) Enhorabuena, hijo. Me alegro de que hayas encontrado a tu padre... Siento no haber entendido lo que significaba para ti.

4. **Beispiellösung:**

En el primer plano de la foto se puede ver a una mujer rubia esperando a alguien; a su derecha hay una puerta, posiblemente la puerta trasera de un teatro. La mujer lleva un abrigo rojo, medias y zapatos negros; también lleva bolso y un paraguas. Al fondo aparece un cartel con la foto de una mujer rubia de unos 50 años que lleva pintalabios rojo. Encima de la puerta, en la parte izquierda de la imagen, hay un rótulo grande en el que se lee 'Un tranvía llamado Deseo', el nombre de una obra de teatro. Por esa razón, pienso que la mujer del cartel es la actriz principal de dicha obra o una estrella con gran reputación.

5. **Individuelle Lösung**

Icíar Bollaín: 'Te doy mis ojos' | Pág. 9

1. **Beispiellösung:**

Pensamos que la violencia de género es todavía un problema que hay que solucionar. En Alemania, nuestro país, y en otros países se han mejorado muchos aspectos con respecto a este tema gracias, sobre todo, a la aparición de movimientos como el #MeToo y las acciones del movimiento feminista. Aunque todavía queda mucho por hacer, ya que en Alemania se asocia la violencia de género con los extranjeros y no tanto con los propios alemanes.

2. **Beispiellösung:**

a) **Pilar:** es una mujer cariñosa que está casada con Antonio. Su marido la hace sentirse insegura y tiene miedo de él. Sin embargo, según avanza la película, Pilar se hace más fuerte e independiente y acaba reuniendo el valor para dejar a su marido, que la maltrata.
b) **Antonio:** es un hombre violento. Está casado con Pilar, a quien quiere mucho. Sin embargo, su inseguridad y su miedo hacen que no trate a su mujer con respeto. Por otra parte, Antonio es celoso y trata de manipular constantemente a su esposa. Consciente de que lo que hace con su mujer no es correcto, va a terapia de grupo para intentar cambiar su forma de ser.
c) **Juan:** es el hijo de Pilar y de Antonio. Aunque es muy joven, sabe que las cosas entre sus padres no están bien, por lo que también tiene miedo. Es otra víctima más, puesto que sufre las consecuencias del maltrato de Antonio a Pilar. Además, su padre lo utiliza para saber qué hace su madre.
d) **Ana:** es la hermana de Pilar, que trata de ayudarla en todo lo que puede. Es una mujer segura de sí misma y más independiente que Pilar. De joven se fue al extranjero, donde estuvo trabajando antes de volver a Toledo. Es una mujer fuerte y cariñosa que comprende perfectamente el problema que está teniendo su hermana, aunque no es capaz de ayudarla como ella lo necesita.
e) **John:** es el prometido de Ana. Es escocés y todo lo contrario a Antonio: cariñoso y tierno. Se ocupa de ayudar a Juan con sus deberes y tiene sentido del humor cuando habla con la madre de Ana y de Pilar.
f) **Aurora:** es la madre de Pilar y de Ana. Al principio no se muestra comprensiva con su hija, puesto que piensa que el deber de una mujer es estar al lado de su marido pase lo que pase. Ella también ha vivido el mismo problema que Pilar; es una mujer sumisa, pero también cariñosa con sus hijas y su nieto.

3. **Beispiellösung:**

Creo que no todas las personas son conscientes del problema que tiene Pilar con su marido. Esto se debe a que la violencia de género es un problema que todavía se consideraba privado entonces; durante la película no vemos a Pilar contarlo en ningún momento. Las únicas personas que saben por lo que está pasando la protagonista son sus familiares. Ana, su hermana, intenta ayudarla y convencerla de que la mejor solución a su problema es apartarse de Antonio y dejarlo para siempre.
Aurora, la madre de Pilar, intenta convencer a Pilar de que vuelva con su marido y de que 'este tipo de problemas' son normales en las parejas. Pienso que, en general, el comportamiento de muchos de los personajes está mal porque no es el adecuado, aunque la mayoría no saben verdaderamente lo que le está pasando a Pilar. La única persona que intenta ayudar realmente a la protagonista de la película es su hermana y, finalmente, la madre, que termina dándose cuenta de que Pilar se enfrenta a un problema muy grave.
Por su parte, Juan es una víctima más, un niño que no tiene capacidad para ayudar a su madre de ninguna manera. Creo que la relación de Juan con sus padres es buena, aunque se encuentra ante un dilema: quiere a ambos y entiende a su madre, pero también quiere estar con su padre.

4. **Beispiellösung:**

Los hombres que van a terapia con Antonio justifican la violencia diciendo que es normal que las parejas se peleen. Afirman que tienen motivos para ser violentos porque sus esposas los provocan o porque sus esposas no quieren tener sexo con ellos... Estos hombres piensan así de verdad porque creen que ellas son su propiedad y, por tanto, siempre deben hacer lo que ellos digan. Cuando ellos no ven satisfechas sus necesidades de la forma en que desean, recurren a la violencia.

5. **Individuelle Lösung**

José Luis Cuerda: 'La lengua de las mariposas' | Pág. 12

1. **Individuelle Lösung**

2. **Beispiellösung:**

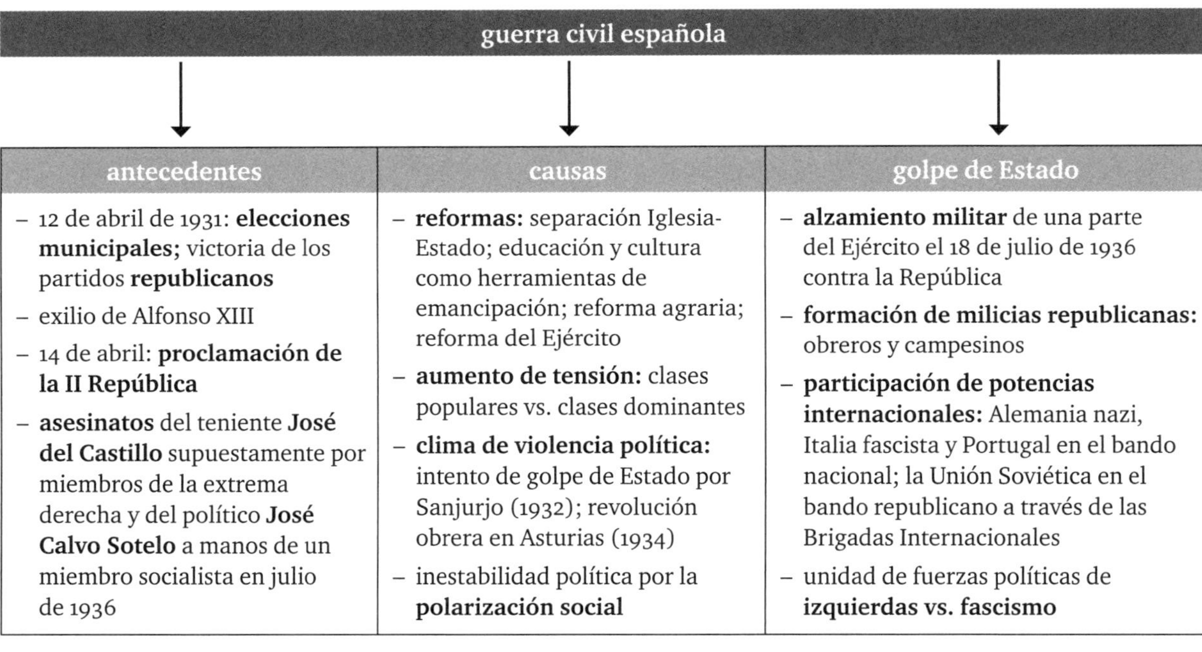

guerra civil española

antecedentes	causas	golpe de Estado
– 12 de abril de 1931: **elecciones municipales;** victoria de los partidos **republicanos** – exilio de Alfonso XIII – 14 de abril: **proclamación de la II República** – **asesinatos** del teniente **José del Castillo** supuestamente por miembros de la extrema derecha y del político **José Calvo Sotelo** a manos de un miembro socialista en julio de 1936	– **reformas:** separación Iglesia-Estado; educación y cultura como herramientas de emancipación; reforma agraria; reforma del Ejército – **aumento de tensión:** clases populares vs. clases dominantes – **clima de violencia política:** intento de golpe de Estado por Sanjurjo (1932); revolución obrera en Asturias (1934) – inestabilidad política por la **polarización social**	– **alzamiento militar** de una parte del Ejército el 18 de julio de 1936 contra la República – **formación de milicias republicanas:** obreros y campesinos – **participación de potencias internacionales:** Alemania nazi, Italia fascista y Portugal en el bando nacional; la Unión Soviética en el bando republicano a través de las Brigadas Internacionales – unidad de fuerzas políticas de **izquierdas vs. fascismo**

3. **Beispiellösung:**
Moncho tenía miedo de que el maestro le pegase porque su padre le había contado que a él, de niño, le había pegado el maestro de su colegio.
+ Individuelle Lösung

4. **Beispiellösung:**
La división y la tensión social se pueden apreciar en varias escenas de la película como, por ejemplo, en las discusiones entre los padres de Moncho; cuando el padre de un alumno entra a la clase de don Gregorio y le regala dos capones (pollos) para que el maestro use el método de disciplina más duro con su hijo; cuando se celebra el Día de la República y los republicanos ven a dos guardias civiles o la conversación entre don Gregorio y el sacerdote.

5. **Beispiellösung:**
Creo que el final de la película es realista, pero me parece muy triste. En mi opinión, es una de las escenas más emotivas que he visto en el cine, y me da pena cómo Moncho y su familia repudian e insultan al maestro que enseña al niño conocimientos sobre el mundo y sobre la propia vida. A pesar de todo, me gusta el final de la película precisamente porque es muy realista y creo que en aquella época hubo muchas personas que tuvieron que actuar así por miedo a las consecuencias que podían sufrir al defender o mostrar ideas contrarias a los golpistas.

6. **Individuelle Lösung**

Isabel Coixet: 'Elisa y Marcela' | Pág. 16

1. **Individuelle Lösung**

2. **a)** Se conocen en un convento de monjas donde las dos estudian para ser maestras.
   b) El padre de Marcela se enfada y desconfía de su hija.
   c) Porque los padres de Marcela deciden enviarla a un internado. Durante este tiempo se comunican mediante cartas.
   d) A Elisa la envían a Couso y a Marcela, a Calo.
   e) En la iglesia de San Jorge, en La Coruña.
   f) Que nace en la cárcel y luego Marcela se la da en adopción al alcaide y su mujer antes de huir. Además, después de unos años esta hija viaja hasta Argentina para reencontrarse con su madre y conocer su historia familiar.

3. **Beispiellösung:**
Esta mujer es la hija de Marcela y Andrés, un hombre de Dumbría que se enamora de Marcela, aunque no es correspondido. La niña se llama María Enriqueta. Cuando descubren a Marcela y a Elisa en Portugal y deciden huir a Buenos Aires, dan a la niña en adopción al alcaide de la cárcel donde estaban presas. Después de unos años, María Enriqueta decide buscar a su madre en Argentina para que le cuente toda la historia.

4. **Beispiellösung:**
Las palabras son 'marimacho', 'virago' y 'ramera'. 'Marimacho' y 'virago' se utilizan para hablar de mujeres que tienen aspecto o actitud de hombres, mientras que 'ramera' se usa para hablar de mujeres que ofrecen sexo a cambio de dinero. Las dos primeras las usa Andrés, cuando quiere invitar a Marcela a salir y Elisa no le deja hablar con ella. 'Ramera' es una palabra que usan los vecinos del pueblo cuando tiran piedras a la casa de Elisa y Marcela.

5. **Beispiellösung:**
Cuando llegaron a Portugal, Elisa tomó otro nombre, José. Allí vivieron Elisa y Marcela durante unos meses hasta que fueron descubiertas. En aquel entonces, la homosexualidad era considerada un delito que se penaba con la cárcel. Sin embargo, en la vida real, no fueron las dos mujeres a la cárcel en Oporto, sino solamente Elisa. También se sabe que cuando Marcela llegó a Buenos Aires llevaba a su hija en brazos. Esto es diferente en la película, en la que Marcela decide dar en adopción a su hija Enriqueta al alcaide y su mujer. Elisa se casó en Argentina con un danés llamado Christian Jensen, 25 años mayor que ella, que acabó sospechando sobre su orientación sexual, ya que Elisa se veía a menudo con Marcela, a quien presentaba como su amiga o su hermana. En Argentina, Elisa se cambió el nombre de nuevo, esta vez al de María.

6. **Beispiellösung:**
La película me ha gustado mucho porque está basada en un hecho real que, además, es muy interesante por el momento en que ocurrió. También me parece una buena película porque muestra, por un lado, la felicidad que sienten Elisa y Marcela cuando están en privado y, por otro lado, lo que ambas sufren cuando están en público. La única cosa que no me gusta de la película es lo larga que se hace, sobre todo al final, antes de que las dos mujeres huyan hacia Argentina.

Andrés Wood: 'Machuca' | Pág. 19

1. **Individuelle Lösung**

2. **Beispiellösung:**
el/la roto/-a: en la actualidad esta palabra se usa para definir a una persona maleducada, pero en su origen se usaba de forma despectiva para señalar a personas de origen humilde.
el chancho: es una palabra chilena que se usa para referirse a un cerdo.
huevón/-ona: es una palabra coloquial que en Chile se usa para llamar 'tonto' o 'tonta' a alguien. Sin embargo, los chilenos también la usan para bromear con amigos y amigas o familiares.
pucha: es una expresión que se usa en Chile para mostrar malestar por algo que ha salido mal.
pituco/-a: adjetivo que se usa de forma despectiva y coloquial para referirse a una persona presumida.
milico/-a: adjetivo que se usa de forma coloquial para referirse a una persona que trabaja en el Ejército.
momio/-a: adjetivo que se usa de forma peyorativa en Chile para referirse a una persona conservadora o de la derecha tradicional.

3. Beispiellösung:

La desigualdad se puede apreciar en casi todas las escenas de la película: cuando los niños sin recursos llegan al colegio; cuando los hijos de los padres que pagan la cuota se pelean con los que tienen menos recursos; cuando Pedro visita a Gonzalo en su casa y cuando este va al poblado en el que vive su amigo Machuca. Por otra parte, estas diferencias se pueden ver en las manifestaciones de quienes apoyaban al Gobierno socialista de Chile y en los que reclamaban otro tipo de gobierno; también en las actividades escolares que realizan los jóvenes (como en la asignatura de Inglés o de Gimnasia). Sobre todo, estas diferencias se ven cuando hay una reunión de padres e intervienen algunos de ellos, como es el caso de los padres de Gonzalo y la madre de Pedro, que asimismo dan su punto de vista. Estas diferencias se ven también al final de la película, cuando el golpe de Estado de Pinochet ha triunfado y miembros del Ejército entran en el colegio y en la población donde vive Pedro con su madre.

4. Beispiellösung:

Diez años después de haberse visto por última vez, Gonzalo y Pedro se encuentran de nuevo por casualidad en una de las calles donde solían ayudar a Silvana y su padre a vender banderas. La calle ha cambiado un poco durante este tiempo. Los comercios de hace diez años han cerrado y han sido sustituidos por otros. Pedro camina por la acera cuando ve al otro lado de la calle una cara conocida. Piensa durante un instante y reconoce al chico rubio que ahora lleva el pelo largo y tiene barba. Es Gonzalo.

PEDRO. —¡Gonzalo! ¡Cuánto tiempo! GONZALO. (se aparta rápidamente, sorprendido por el inesperado reencuentro). —Pero... (abraza a Pedro). ¡Machuca! ¡Qué alegría! (empieza a llorar de alegría), ¿qué tal estás? PEDRO. —Muy feliz de volver a verte. Te he echado de menos todos estos años. Pienso que no deberíamos habernos peleado. GONZALO. —Yo también te he echado de menos, Pedro. Durante estos años me he acordado mucho de ti y de los ratos que pasábamos juntos. ¿Pudiste continuar con tus estudios? PEDRO. —No, por desgracia no pude. Pero tengo trabajo en una tienda de alimentación que hay en esta calle, ¿y tú? GONZALO. —Estoy estudiando Derecho en la Universidad Autónoma de Chile, aquí en Santiago. PEDRO. —Me alegro mucho por ti, Gonzalo. Podemos intercambiar nuestros números de teléfono y quedamos otro día para tomar algo, ¿quieres? GONZALO. —Me encantaría. (sonríe y vuelve a abrazar a su amigo). Mira, te lo apunto en este papel. PEDRO. —¡Gracias! Aquí tienes el mío. (ambos se ríen). Ahora tengo que ir a trabajar. Te llamo durante los próximos días y nos ponemos al día. GONZALO. —Gracias, Pedro. Llevaba años pensando en ir a visitarte a tu casa para arreglar las cosas, pero no me atrevía. (mira al suelo). PEDRO. —Yo también. Pero por suerte nos hemos encontrado hoy. Tengo que irme. (abraza a Gonzalo). GONZALO. —Hasta pronto, Machuca. (ambos se marchan con la alegría de haberse reencontrado con un amigo de su infancia).

5. Individuelle Lösung

G. del Toro: 'El laberinto del fauno' | Pág. 22

1. Individuelle Lösung

2. Beispiellösung:
Las pruebas que tiene que superar la protagonista son:

a) Meter tres piedras en la boca de un sapo gigante que está en las raíces de un árbol muy antiguo.

b) Ir a un banquete y no comer nada. Ofelia tiene que dibujar una puerta en la habitación y girar el reloj de arena. Después tiene que recoger una daga y volver antes de que se acabe el tiempo sin comer nada del banquete.

c) Llevar a su hermano al laberinto.

3. Beispiellösung:

a) Es el momento en el que, después de que los guerrilleros han asaltado un tren, el capitán Vidal se presenta en el lugar para ver qué ha sucedido.

b) Es un momento de la segunda prueba que Ofelia tiene que superar para conseguir recuperar su reino y ser la reina Moanna.

c) Es el momento en el que Ofelia y Mercedes se conocen, en la puerta del laberinto. Mercedes le cuenta a Ofelia que es peligroso y que tiene que irse a casa.

d) Es el momento en el que Ofelia se da cuenta de que lo que el fauno le cuenta es verdad, que ella es la princesa Moanna.

4. Beispiellösung:

Creo que el contexto histórico es muy importante para comprender lo que le pasa a Ofelia. Ella es una joven de 13 años bastante imaginativa que ha sufrido mucho por la guerra civil española. Ofelia ha perdido a su padre; su madre se va a casar con un hombre por el que no siente mucho afecto y, además, se encuentra en un delicado estado de salud. A pesar de vivir en un mundo tan cruel, la chica no ha perdido su inocencia; le gustan los cuentos de hadas y las historias de fantasía. Quizás como forma de protegerse de todo lo adverso que ocurre a su alrededor, Ofelia usa su fantasía para construirse una "realidad" mejor.

5. Individuelle Lösung

2. Historia

'La trinchera infinita' | Pág. 26

1. **Beispiellösung:**
Una trinchera es un lugar donde se esconden los soldados en el campo de batalla para defenderse de las balas. Creo que la película tiene ese nombre porque trata de un topo, es decir, un republicano que se escondió durante y después de la guerra civil española para poder sobrevivir a la persecución ideológica.

2. **Beispiellösung:**
En el cartel se ve a dos personas dentro de una casa. Ambos están mirando por una ventana tapada por una cortina; ellos pueden ver lo que pasa fuera, pero nadie puede ver lo que ocurre dentro. La mujer, que tiene el pelo negro y viste una blusa, tiene cara de preocupación y está delante de un hombre que parece llevar una camiseta y tiene el pelo negro. Este hombre parece estar escondido y, por el gesto de su cara, creo que tiene miedo. Estas dos personas pueden ser los protagonistas de la película.

3. **1 a) • 2 d) • 3 e) • 4 f) • 5 c) • 6 b)**

   Beispiellösung:
   - **a)** Momento en el que Rosa vuelve de ser interrogada.
   - **b)** Momento en el que Higinio está a punto de volver a salir a la calle.
   - **c)** Discusión del hijo con sus padres, harto de no saber por qué su padre tiene que esconderse.
   - **d)** Momento en el que Rosa le recrimina a Higinio que no ha salido de su escondite para ayudarla cuando estaba siendo acosada.
   - **e)** Momento antes de que Higinio salga a evitar la violación de Rosa y la cama empieza a arder.
   - **f)** Después de enterrar a Rodrigo.

4. **a)** De no haber evitado la muerte de su hermano; incluso lo acusa de ser él quien lo mató.
   b) Hacer el viaje de novios a la playa con Higinio.
   c) Que entra en su casa una pareja homosexual que va allí pensando que no hay nadie; Higinio los descubre y ellos le llevan comida todas las semanas hasta que Rosa regresa.
   d) Piensa que hubo algunos aspectos positivos como, por ejemplo, el reparto de las tierras, la alfabetización de la población; también que la II República procurara la salud y una vida digna para todas las personas.
   e) Rosa le prepara a Higinio un traje para que vuelva a salir a la calle e irse los dos a la playa para cumplir su sueño.

5. **a)** peligro • **b)** apartado • **c)** detención • **d)** campeada • **e)** década • **f)** cambiar • **g)** encerrar • **h)** salir

6. **Individuelle Lösung**

'Araña' | Pág. 30

1. **Beispiellösung:**

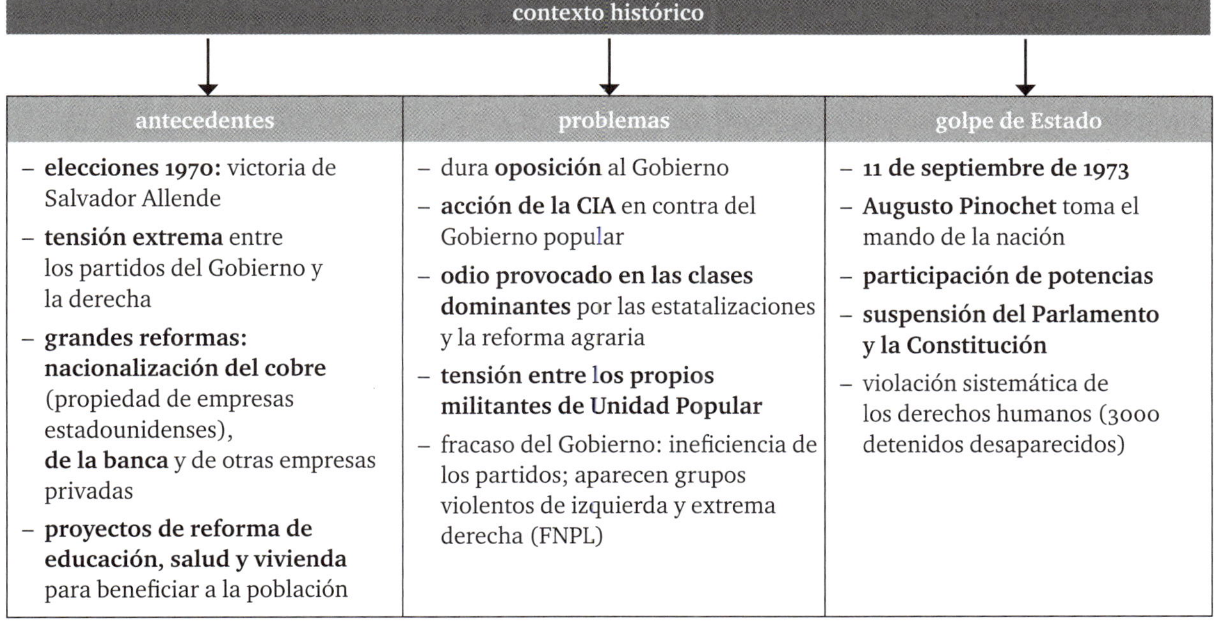

contexto histórico

antecedentes	problemas	golpe de Estado
– **elecciones 1970:** victoria de Salvador Allende – **tensión extrema** entre los partidos del Gobierno y la derecha – **grandes reformas: nacionalización del cobre** (propiedad de empresas estadounidenses), **de la banca** y de otras empresas privadas – **proyectos de reforma de educación, salud y vivienda** para beneficiar a la población	– dura **oposición** al Gobierno – **acción de la CIA** en contra del Gobierno popular – **odio provocado en las clases dominantes** por las estatalizaciones y la reforma agraria – **tensión entre los propios militantes de Unidad Popular** – fracaso del Gobierno: ineficiencia de los partidos; aparecen grupos violentos de izquierda y extrema derecha (FNPL)	– **11 de septiembre de 1973** – **Augusto Pinochet** toma el mando de la nación – **participación de potencias** – **suspensión del Parlamento y la Constitución** – violación sistemática de los derechos humanos (3000 detenidos desaparecidos)

2. **a)** Inés • **b)** Justo • **c)** Gerardo • **d)** Nadia • **e)** El hijo de Justo e Inés

3. **Individuelle Lösung**

4. **a)** Es una empresaria de gran éxito.
   b) Tiene miedo de que Gerardo vuelva a por ellos.
   c) Inés piensa que Alemania es un país avergonzado de su propia historia y sin valores morales, que está en decadencia.
   d) Matarlo e irse con Inés.
   e) Eran amantes.
   f) En el concurso de belleza de la universidad.

5. **Individuelle Lösung**

'La larga noche de Francisco Sanctis' | Pág. 33

1. **a)** ¡Dale! • **b)** el/la pibe/-a • **c)** romper las pelotas • **d)** el rancho • **e)** el/la viejo/-a • **f)** el colectivo

2. **Beispiellösung:**

En el primer plano del cartel se puede ver a un hombre y a una mujer jóvenes. No se les puede ver la cara, pero parecen una pareja que va caminando por la calle. El hombre tiene el pelo corto y moreno, mientras que la mujer lleva una melena larga. Aunque no se distingue muy bien cómo van vestidos, las dos personas que están en el primer plano llevan un abrigo. Al fondo se ve a un hombre solo, que puede ser el protagonista de la película: Francisco Sanctis. Este hombre va vestido con una chaqueta americana, un chaleco y una camisa que parece ser de color blanco. Tiene el pelo moreno y lleva bigote. Parece que Francisco Sanctis está siguiendo a estas personas, por eso es posible que los jóvenes sean dos personajes importantes de la película que al principio Francisco no conoce. El color azul del cartel recuerda, además, a la noche.

3. **a)** Alimentos Nicanor.
   b) Le propone publicar un antiguo poema que Francisco escribió cuando era joven.
   c) Elena ha vivido en Estados Unidos y se ha casado con un oficial de aeronáutica. Francisco también está casado y tiene dos hijos.
   d) Dos nombres y una dirección: Julia Cardini, Bernardo Lipstein y Lacarra 6072.
   e) Leonardo Medina.
   f) En autobús, a pie y en taxi.

4. **Individuelle Lösung**

5. 1 e) • 2 b) • 3 d) • 4 c) • 5 a)

6. **Individuelle Lösung**

'Cuéntame cómo pasó' | Pág. 38

1. **Beispiellösung:**

a) Carlos: es el narrador y protagonista de la serie. Cuenta cómo era su vida en el barrio donde vivía cuando era pequeño. Tiene 8 años; le gusta leer cómics y pasar el tiempo en el descampado con sus amigos Josete y Luis. Es alegre, simpático y tiene una gran imaginación y creatividad.

b) Antonio: es el padre de la familia Alcántara. Se preocupa por que haya trabajo, paz y salud. Tiene una personalidad algo autoritaria y quiere saber todo lo que hacen su mujer y sus hijos. Es un hombre trabajador y honrado, que hace lo posible para que a su familia no le falte nada. Trabaja en una imprenta y de ordenanza en el Ministerio de Agricultura.

c) Merche: es la madre de la familia Alcántara. Se preocupa por que haya salud, paz y trabajo. Es una mujer que se preocupa por el bienestar de sus hijos y por su marido. Tiene una mentalidad tradicional y quiere complacer a su esposo; sabe cómo evitar que él se enfade. Además de encargarse de las labores del hogar y el cuidado de los hijos, también trabaja en casa como costurera.

d) Inés: es la hija mayor de los Alcántara, tiene 18 años. La joven tiene una relación con Jesús, un chico que trabaja en Galerías Preciados, en Madrid. Está pensando en tener relaciones con su novio. Es comprensiva y sincera con su madre.

e) Cervan: es el quiosquero del barrio. Tiene una personalidad muy fantasiosa e imaginativa; la gente del barrio dice que se volvió loco cuando le dejó su novia y tiene fama de tacaño. Es monárquico y le gusta contar historias del pasado y escuchar telenovelas en la radio.

f) Doña Herminia: es la abuela de Carlos y madre de Merche. Es una señora tradicional, que piensa que las cosas modernas son "inventos del diablo", aunque cuando ve por primera vez la televisión, le encanta. Piensa de ella misma que es una molestia para la familia y que lo mejor sería vivir sola.

g) Josete: es uno de los amigos de Carlos y juega muy bien a las chapas. Es hijo de una madre soltera y por eso en el barrio los demás le tratan mal. Es muy leal a su amigo.

h) Toni: es el hijo mediano de los Alcántara. Es un joven al que le gusta salir, la música y las chicas. Es bastante rebelde en casa, pero es un chico maduro que resuelve las dudas de su hermano pequeño, Carlos. No tiene pareja y está a punto de ir a la universidad.

2. **a)** En 1960.
   b) Para reformar la iglesia del barrio.
   c) Piensan que, por ser madre soltera, es prostituta y no es de fiar.
   d) Se enfada con Inés porque piensa que si toma la píldora acabará soltera y con cáncer de matriz.
   e) Huye de casa y deja el dinero que ha recaudado para la reforma de la iglesia para que su hermana se pueda curar en América.

f) Porque descubre que su hermana no tiene ninguna enfermedad; porque su padre no se ha enterado de que él se había marchado y porque hay jamón para comer.
g) España gana el Festival de Eurovisión.

3. **Individuelle Lösung**

'El fin de ETA' | Pág. 42

1. **a) H • b) L • c) M • d) G • e) J • f) D • g) K • h) I • i) A • j) C • k) E • l) B • m) F**

2. **Beispiellösung:**

a) **Euskal Herria:** es la región histórica en la que se ha desarrollado la cultura vasca. Se sitúa a ambos lados de los Pirineos, en los territorios del País Vasco francés y el País Vasco español. Este término comenzó a utilizarse con el nacimiento del nacionalismo vasco durante el siglo XIX y su significado en español es 'Pueblo Vasco'.

b) **Partido Nacionalista Vasco (PNV):** es un partido de ideología nacionalista vasca liberal y demócrata-cristiana. Fue fundado en 1895 por Sabino Arana. Ha tenido varias escisiones a lo largo de su historia, siendo una de las más importantes la del grupo de jóvenes del partido Ekin en 1958, que posteriormente dio lugar a ETA.

c) **Herri Batasuna:** en español 'Unidad Popular', fue una coalición política de ideología socialista formada en 1978, cuyo objetivo era la independencia y el socialismo en Euskal Herria. Su fundación como partido se produjo en 1986 y se refundó en el año 2001 en el partido Batasuna. Fue ilegalizado en 2003 por la Ley 54/1978 de Partidos Políticos al ser considerado parte de ETA.

d) **Euskadi Ta Askatasuna (ETA):** en español 'País Vasco y Libertad', fue una organización terrorista de ideología nacionalista vasca de izquierdas. Se fundó en 1959 y se escindió en 2018. Su objetivo era conseguir la independencia de Euskal Herria y consolidarla en una república socialista formada por el País Vasco francés y el español. Querían lograr sus objetivos a través de la vía armada.

e) **Partido Socialista de Euskadi-Euskadiko Ezkerra (PSE-EE):** coalición formada entre 1977 y 1993 por el Partido Socialista de Euskadi, el Partido de los Trabajadores de Euskadi y Euskadiko Ezkerra ('la Izquierda Vasca'). Tuvo un importante papel en el proceso de negociación con ETA, sobre todo a partir del Gobierno de José Luis Rodríguez Zapatero.

f) **EH Bildu:** Euskal Herria Bildu Es una coalición de partidos nacionalistas e independentistas vascos de izquierda fundado en 2012 e inscrito en el registro de partidos en 2014. Su nombre significa en castellano 'reunir el País Vasco'. Su presidente, y uno de sus fundadores, es Arnaldo Otegi, uno de los políticos de mayor importancia en el proceso de paz en el País Vasco.

3. **Individuelle Lösung**

4. **Individuelle Lösung**

3. Comedia

'Ocho apellidos vascos' | Pág. 46

1. **a) D • b) G • c) N • d) O • e) J • f) B • g) E • h) A • i) C • j) M • k) Ñ • l) H • m) K • n) I • ñ) L • o) F**

2. **Individuelle Lösung**

3. **Beispiellösung:**

a) **Rafa:** es un chico andaluz simpático y gracioso que trata de tener un gesto romántico con Amaia, la chica que le gusta. Ayuda a Amaia para que su padre no descubra que ha cancelado su boda, por eso es también altruista. Además, es cariñoso y amigable.

b) **Amaia:** es una joven simpática, aunque es un poco fría. Es una chica brusca, pero en el fondo sensible. Además, es decidida, aunque ha tenido una mala experiencia con su exnovio Antxon y eso la hace ser desconfiada con Rafa.

c) **Merche:** es una mujer extremeña, alegre, que vive en el País Vasco desde hace muchos años. Es cariñosa y altruista porque acoge y ayuda a Rafa sin pensarlo demasiado, aunque no le conoce de mucho.

d) **Koldo:** es un hombre brusco y trabajador, además de ser muy terco, ya que quiere que su hija esté con un vasco "de verdad", auténtico. Es comprensivo y cariñoso, aunque le cuesta demostrárselo a sus seres queridos.

4. **vascos:** fríos/-as, serios/-as, comilones/-as, terroristas, trabajadores/-as, bruscos/-as, distantes

   andaluces: graciosos/-as, ligones/-as, bromistas, cariñosos/-as, religiosos/-as, vagos/-as, amigables

5. **Individuelle Lösung**

6. **Beispiellösung:**

Normalmente, el tiempo en Andalucía es soleado y cálido; en este territorio la vegetación no es tan frondosa como en el norte de España. Sin embargo, en el País Vasco el tiempo suele ser nublado y lluvioso, y más frío que en Andalucía. Además, el paisaje es muy distinto, ya que es montañoso y con grandes bosques.
En mi opinión, el tiempo afecta a la personalidad y al carácter de las personas, puesto que en un clima frío la gente suele ser más reservada, mientras que en los climas cálidos la gente es más abierta y cariñosa.

'La llamada' | Pág. 50

1. **Individuelle Lösung**

2. a) Que se le aparece Dios y le canta una canción de Whitney Houston.
   b) Formar un grupo de música electrolatino.
   c) Cantaba en un grupo parecido a 'Presuntos Implicados'.
   d) Su pasión por la música.
   e) Piensa que está bromeando y que se ríe de ella.
   f) Susana descubre que es homosexual; la hermana Milagros se da cuenta de que no es feliz siendo monja y acepta su homosexualidad; María recibe la llamada por la que comienza a tener fe en Dios.

3. **Beispiellösung:**

En la película aparecen varios temas. El tema principal es la religión y la importancia de que se viva de forma personal y libre, es decir, como una elección que debe decidir cada persona. La religión se mezcla con otros temas que tienen que ver con las protagonistas de la película: la homosexualidad, el conocimiento de uno mismo, la nostalgia, la juventud y la vejez. Creo que estos temas están muy bien presentados a través de la música, que es lo que une a los personajes principales de 'La llamada'.

4. velocidad • nada • gafas • echamos • Sueño • noche • llamada • luces • abiertas • pasamos • espalda • oscuridad • tiemblas

5. **Individuelle Lösung**

'Campeones' | Pág. 53

1. **Individuelle Lösung**

2. **Individuelle Lösung**

3. **Beispiellösung:**

a) **Benito:** se levanta a las cuatro de la mañana para ir a trabajar en la cocina de un restaurante. Tiene un jefe que le discrimina por tener discapacidad. Es independiente, ya que no tiene familia ni a nadie para que le ayude a organizarse la vida.

b) **Fabián:** vive en una casa tutelada con otros tres compañeros. Por las mañanas va a un taller de jardinería donde habla con las plantas y las regaña.

c) **Jesús:** trabaja en un centro ocupacional desmontando motores para volver a montarlos. Como es buen mecánico, hay gente que va al centro para verle trabajar y aprender de él. Vive con su madre y le gusta mucho la música. Tiene un grupo con el que ensaya todos los domingos.

d) **Sergio:** trabaja en una fábrica de tintes de pelo. Si hay algún envase roto, su jefe se lo regala porque no puede pagarle las horas extras. Lleva el pelo de colores. Tiene novia.

e) **Juanma:** trabaja en un centro de acogida de animales porque le encantan. A cambio de ese trabajo, le dejan vivir allí. Tiene mucho miedo al agua y no se ducha porque de pequeño estuvo a punto de ahogarse. Es muy cariñoso, ya que siempre está pidiendo abrazos.

f) **Marín:** trabaja de controlador en los aparcamientos de la ciudad, es hipocondríaco y le gusta observar el tráfico aéreo. Se preocupa por si los aviones llevan algún retraso.

g) **Collantes:** es la única chica del equipo. Aunque es muy bajita, sus compañeros dicen que es muy grande y la llaman "la mosca cojonera". Es divertida, directa y prefiere que la traten de usted.

h) **Paquito:** a veces tiene dificultades para expresarse, pero es el único que durante los entrenamientos hace todo lo que Marco le pide. Es el sobrino de la jueza que impone a Marco entrenar al equipo de baloncesto.

i) **Manuel:** sabe girar la pelota de baloncesto durante mucho tiempo con el dedo. Es muy cariñoso, le gustan los abrazos. Mueve las manos para que el tiempo pase más rápido.

j) **Román:** no siempre ha tenido una discapacidad. Cuando era joven jugaba en el equipo de baloncesto del Getafe, pero tuvo un accidente y estuvo en coma; después le dejó su novia y él tuvo que abandonar su carrera en el baloncesto y sus estudios de arquitectura.

4. **Beispiellösung:**

Marco Montes es el protagonista de la película. Al principio, Marco parece una persona muy arrogante que no siente empatía por los demás. Debido a que tiene problemas con su mujer, comienza a tener también problemas en el trabajo e, incluso, con la Justicia. Cuando una jueza decide que Marco tiene que entrenar a un equipo de baloncesto de personas con discapacidad intelectual, su personalidad comienza a cambiar. Poco a poco, comienza a mostrar más empatía, a ser más respetuoso y comprensivo con los demás. Creo que al principio se comporta así porque tiene miedo. Sin embargo, su cambio personal se produce al conocer a los miembros del equipo, que le ayudan a dar importancia a las cosas que lo merecen y a conocerse a sí mismo.

5. **Beispiellösung:**

Creo que cuando Román habla de una discapacidad, en realidad habla del miedo que siente Marco. El miedo ha impedido a Marco seguir teniendo una relación sana con su mujer porque siente miedo de ser padre. Además, el miedo hace que Marco tome malas decisiones. Por eso, Román dice que ellos le están enseñando a manejar ese miedo.

6. **Individuelle Lösung**

4. Biografía

'Dolor y gloria' | Pág. 58

1. **Beispiellösung:**
Creo que en la película pueden aparecer algunos personajes que evoquen a personas importantes en la vida de Pedro Almodóvar: su familia, sus amigos o algún amor que ha marcado su trayectoria. Por otra parte, pienso que en la película aparecerán algunos personajes que recuerdan a los actores y actrices con los que ha trabajado. En cuanto a los temas tratados por el director manchego, pienso que como la película se llama 'Dolor y gloria', esta puede tratar de los éxitos y los fracasos del director. También de algunos temas de su juventud, como la movida madrileña, su homosexualidad y su infancia. Por eso, pienso que es muy probable que la película contenga mensajes que seguramente entenderán solo aquellas personas que conocen al director y que forman o han formado parte de su vida.

2. **a)** Para presentar juntos la película 'Sabor' en la Filmoteca después de 32 años sin verse.
   b) Era una cueva.
   c) Que vuelven a discutir porque Salvador dice en público que la interpretación de Alberto no le gustó en el momento en que se hizo la película.
   d) Se va de casa y le dice a su madre que no quiere ser cura.
   e) Salvador va a casa de Alberto para proponerle interpretar 'La adicción'.
   f) Fue un amor de juventud de Salvador que tenía problemas con las drogas.
   g) Irse al pueblo para morir allí.
   h) 'El primer deseo'.

3. **Beispiellösung:**
A lo largo de la película aparecen algunas referencias autobiográficas del propio director.
Él ha revelado a algunos medios de comunicación que para poder contar la historia de un director de cine, Salvador Mallo, se ha basado en algunas experiencias de su vida. Incluso para la ambientación de la película se han usado objetos, rasgos de la personalidad y gestos de Pedro Almodóvar. Por ejemplo, muchos de los muebles y cuadros utilizados para el rodaje en escenas de la casa de Salvador Mallo son del propio director manchego. Además, Salvador Mallo tiene un peinado y un estilo para vestirse que recuerda a Pedro Almodóvar. Otra de las referencias autobiográficas del director manchego se muestra en una de las primeras escenas, donde aparece su madre junto con otras mujeres lavando la ropa en el río; también el momento en el que la madre de Salvador Mallo habla de su propia muerte y de la forma en que quiere ser amortajada. Por otra parte, el director cuenta la influencia que tuvo la movida madrileña para Salvador Mallo, un movimiento contracultural de los años 80 que también vivió Almodóvar; este tema aparece en la película en forma de diálogos, recuerdos, etc. Otra coincidencia entre Salvador Mallo y Pedro Almodóvar es su homosexualidad. Finalmente, la mala relación de Salvador con Alberto hace referencia a algunas malas experiencias del propio director con algunos actores y actrices con los que ha trabajado.

4. **Beispiellösung:**
La película me parece muy interesante porque cuenta la historia de un director con una crisis de creatividad. Además de eso, me gusta porque, aunque no sea una autobiografía como tal, sí aparecen algunos elementos de la vida de Pedro Almodóvar, lo que creo que le da realismo a la película. Por otra parte, lo que más me sorprende es la forma que tiene el director de contar la infancia de Salvador, que finalmente parece ser un rodaje de una película basada en su vida. Lo que menos me gusta de la película es que la historia de Eduardo queda inconclusa, ya que me habría gustado que Salvador intentara contactar con él y saber cómo se sienten ambos cuando se reencuentran.

'Neruda' | Pág. 60

1. **Beispiellösung:**
Pablo Neruda: fue un poeta y político chileno. Senador desde 1945 a 1950 y miembro del Partido Comunista de Chile, Neruda fue uno de los escritores más aclamados del momento y llegó a recibir el Premio Nobel de Literatura (1971).
Gabriel González Videla: fue senador (1945–1946) y presidente de Chile (1946–1952) y uno de los más importantes líderes del Partido Radical de Chile durante la primera mitad del siglo XX. A pesar de haber llegado al Gobierno gracias al apoyo del Partido Comunista, debido a la presión estadounidense se vio obligado a promulgar la ley maldita (Ley de Defensa Permanente de la Democracia), que ilegalizó a dicho partido.
Óscar Peluchonneau: fue director general de la Policía de Investigaciones de Chile en 1952, durante el Gobierno del presidente González Videla. Anteriormente, fue el encargado de organizar la persecución policial a Pablo Neruda antes de huir por Argentina.
Delia del Carril: fue una pintora argentina. Durante el inicio de su carrera artística viajó y vivió por toda Europa. Después de divorciarse de su primer marido, se instaló en la España republicana, donde conoció a Pablo Neruda, 20 años más joven que ella, con quien empezó a tener una relación que duró 20 años.
Maryka (María) Hagenaar: fue la primera esposa de Pablo Neruda, con quien tuvo a su hija Malva Marina, que sufría de hidrocefalia.

2. **a) F • b) D • c) I/C • d) H • e) A • f) C/I • g) E • h) B • i) G**

3. **a)** Después de la Segunda Guerra Mundial, en 1948.
   b) Que abandone su casa y se marche al exilio.
   c) Óscar Peluchonneau.
   d) A Pablo Picasso.
   e) Buscan a María Hagenaar, la primera esposa a la que abandonó el poeta junto a su hija, para que lo desprestigie.
   f) Antonio Ruiz Legarreta.
   g) En París.

4. Beispiellösung:
La mayoría de los hechos narrados en la película son verdad: los problemas que tuvo Pablo Neruda con la Justicia chilena por la pérdida de sus privilegios en el Senado y la ilegalización y persecución al Partido Comunista, del que el escritor era miembro; la huida por Argentina; el discurso de apoyo de Pablo Picasso en el Congreso de Intelectuales por la Paz y la afición del escritor por las novelas policíacas. Sin embargo, las personalidades de Óscar Peluchonneau y de la segunda esposa de Neruda, Delia del Carril, no se corresponden con la realidad. Por otra parte, la huida por Argentina se convierte en un momento épico de la película, pero en realidad no fue un hecho tan emocionante para el propio Neruda.

5. Individuelle Lösung

'Yuli' | Pág. 63

1. Beispiellösung:
Carlos Acosta (La Habana, 1973) es famoso por ser uno de los mejores bailarines de danza clásica en la escena internacional. Empezó a aprender baile cuando tenía 10 años. A lo largo de su carrera ha recibido muchos reconocimientos. Por ejemplo: la medalla de oro en el Grand Prix de Lausana, Premio Vignale Danza en Turín y un Goya como actor revelación gracias a la película sobre su vida, 'Yuli'. En la actualidad es también escritor, actor, coreógrafo y profesor de danza en Acosta Danza, su propia escuela de baile donde busca impulsar el talento de los jóvenes cubanos. Además, desde el año 2020 dirige el Royal Ballet de Birmingham.

2. a) • b) • c) • e) • f)
Beispiellösung:
Hay tres fotos que son importantes en la vida del protagonista. En primer lugar, el Gran Teatro de La Habana; el protagonista estrena en él una obra de 'ballet' sobre su propia vida. En segundo lugar, la foto de los niños en uniforme escolar recuerda el momento en que los compañeros de su nuevo colegio insultan a Carlos por haber robado. Finalmente, la foto del malecón es importante para el protagonista de la película porque su hermana Berta se suicida en ese lugar por un ataque de esquizofrenia.

3. **a)** Que no le gusta porque tiene miedo de que sus amigos se burlen de él y dejen de hablarle.
   b) Porque le consideran un guerrero, descendiente de Oggun, un dios africano que era un luchador.
   c) Porque provoca un accidente de tráfico en el que muere una persona.
   d) Que sufre de esquizofrenia.
   e) En Lausana.
   f) Que quieren emigrar hacia Estados Unidos. Intenta convencer a sus amigos de que no se jueguen la vida.
   g) Regresa a Cuba y crea su propia escuela de danza.

4. Individuelle Lösung

'Roma' | Pág. 67

1. Beispiellösung:
En el primer plano del cartel aparecen un niño y una mujer tumbados. La mujer lleva una falda y un delantal, y debajo una camiseta de manga corta; el niño lleva un pantalón corto y camiseta de manga corta. Al fondo se ven unos edificios, donde hay pisos en los que probablemente no vive nadie, ya que no tienen un buen aspecto. Parece que la mujer y el niño están descansando en una terraza o en una azotea. Creo que no son familia porque no tienen los mismos rasgos físicos, pero tienen una relación muy estrecha debido al momento que están compartiendo. Además, en el cielo se puede ver un avión volando. La foto está completamente en blanco y negro, excepto el color de las letras, que es dorado.

2. Beispiellösung:
La lengua mixteca se originó en La Mixteca, territorio amerindio que comprendía los estados mexicanos de Oaxaca, Guerrero y Puebla, aunque hoy también se habla en todo México e incluso en Estados Unidos, principalmente en California. Esta expansión se debe a la pobreza existente en la región original del mixteco, lo que llevó a sus habitantes a emigrar a lo largo del siglo XX y XXI; el idioma también se expandió a otras regiones. En total, el idioma cuenta con más de 470.000 hablantes. Aunque en la actualidad el idioma se escribe con el alfabeto latino, originalmente se representaba mediante pictogramas.

3. 1 c) • 2 a) • 3 b) • 4 d) • 5 e)
Beispiellösung:
La película narra la vida de una familia de clase media-alta mexicana durante un año completo, 1970. Cleo, que es el eje central de la historia, es una empleada del hogar de la familia. Un día conoce a Fermín, un chico con el que acaba manteniendo una relación. Cuando Cleo se queda embarazada se lo cuenta a Fermín, y este huye. Entonces, Cleo decide continuar con su embarazo, aunque con muchas dudas. Al contarle a su señora Sofía su "problema", Cleo tiene miedo de ser despedida. Sin embargo, Sofía, que está siendo engañada por su marido, muestra comprensión con la joven y la ayuda con el embarazo. La situación vital de cada una une a las dos mujeres, que se apoyan mutuamente en momentos difíciles, incluso después de que Cleo pierda a su bebé durante el parto. 'Roma' es la historia de dos mujeres que sufren el abandono y la ausencia de los hombres a los que aman. Por eso, Sofía le dice a Cleo en una parte de la película: "Estamos solas. No importa lo que te digan, siempre estamos solas".

4. Individuelle Lösung

5. Drama

'Carmen y Lola' | Pág. 71

1. **a)** mocear • **b)** el pedío • **c)** ronear • **d)** dar coba a alguien • **e)** el/la chacho/-a • **f)** ¡Undeber! • **g)** el culto • **h)** el/la payo/-a • **i)** la risión

2. **Beispiellösung:**

En el primer plano del cartel se puede ver a dos chicas jóvenes que tienen unos 17 o 18 años. La chica de la izquierda lleva una camiseta de tirantes de color rosa y la de la derecha lleva otra camiseta de tirantes de color rojo claro. Además, parece que esta última joven lleva una mochila. Ambas están mirando hacia el cielo y parecen muy contentas. Al fondo se ve el color azul que representa el cielo. Las dos chicas se ven felices mientras miran hacia el cielo, por lo que creo que ambas están mirando algo que les gusta mucho. Por otra parte, en el cartel se ven una especie de luces que pueden simbolizar la felicidad que sienten las dos jóvenes. Creo que ellas son las protagonistas de la película: la primera puede ser Carmen y la segunda, Lola.

3. **Individuelle Lösung**

4. **Individuelle Lösung**

'A cambio de nada' | Pág. 74

1. **Beispiellösung:**

El actor y director Daniel Guzmán nació en 1973 en el barrio de Las Águilas, en Madrid. En el momento de su nacimiento el barrio se estaba desarrollando y los vecinos eran de clase obrera. Su padre trabajaba en la construcción y su madre en unos grandes almacenes. Por motivos laborales, su familia estuvo viviendo en Argelia durante cuatro años. De vuelta en su barrio, durante la etapa adolescente, comenzó a pintar grafitis, que era una de sus grandes pasiones. Esta afición le sirvió para protestar contra los acontecimientos con los que no estaba de acuerdo como, por ejemplo, la guerra del Golfo. Para pintar utilizaba el seudónimo Tifón. Gracias a sus pintadas adquirió una fama que le sirvió para coprotagonizar un documental para el programa de reportajes 'Crónicas urbanas' en 1990. De esta forma decidió convertirse en actor y comenzó a estudiar para ello, compaginándolo con la preparación para ser bombero hasta que comenzó a tener éxito.

2. **Beispiellösung:**

a) Darío: es un chico de 15 años que tiene problemas en casa. Sus padres, que están separados, quieren que declare en el juicio de divorcio en contra del otro y por eso es infeliz. Es un joven de buen corazón, alegre y simpático. Aunque es un poco ingenuo, es un chico inteligente y antes era muy buen estudiante, pero desde que sus padres se separaron usa su inteligencia para buscarse la vida y ayudar a su madre en lo que puede.

b) Luismi: es el mejor amigo de Darío. Es muy leal, alegre e inteligente; siempre ayuda a Darío en todo lo que puede. Intenta que su amigo vuelva a casa durante toda la película.

c) Justo: es un hombre que tiene un taller de motos. Paga a Luismi y a Darío por las piezas que ellos roban para arreglar motos en su taller. Es un hombre divertido, aunque a veces miente sobre su vida para impresionar a Darío y aprovecharse de su ingenuidad. Acaba en la cárcel por vender motos y piezas robadas.

d) Antonia: es una señora que trata de sobrevivir recogiendo muebles y chatarra en la calle para luego venderlo en el Rastro durante el fin de semana. Es muy activa y le gusta moverse porque dice que así "envejece menos". Aunque es muy seria y parece antipática, ayuda y comparte todo lo que puede con Darío porque está sola.

3. **a)** Que si no aprueba el curso tendrá que abandonar el instituto.
   b) Se mete en el instituto de noche para robar los exámenes de junio.
   c) Que su hijo ha suspendido todas las asignaturas y que no está en 4.º de la ESO, sino en 3.º
   d) Se va de casa de su madre, comienza a trabajar con Justo y conoce a Antonia.
   e) Cuando los padres de Luismi y la madre de Darío aparecen.
   f) Que robe la tienda de motos de un antiguo amigo al que le debe dinero desde hace mucho tiempo.
   g) Que a Luismi lo atropellan y a Darío lo arrestan.
   h) Trabajar en la tienda de motos donde robó durante un año.

4. **Individuelle Lösung**

5. **Individuelle Lösung**

'Loreak' | Pág. 77

1. **Beispiellösung:**

Las flores se regalan en ocasiones especiales. Por ejemplo, los hombres regalan flores a las mujeres cuando están enamorados de ellas, pero no solamente. En nuestro entorno es normal regalar flores a las mujeres el 8 de marzo, por el Día Internacional de la Mujer, aunque cada vez es menos habitual. Otra ocasión especial para regalar flores es por el Día de la Madre. En general, las flores se regalan a las mujeres. Finalmente, otro momento en el que se regalan o se llevan flores a alguien es cuando ha fallecido (en el funeral, en el cementerio) como señal de cariño a la persona que ya no está. Nosotros creemos que en la película se regalan flores para demostrar amor por una persona y también en señal de luto.

2. **Beispiellösung** | La película se divide en tres partes:

1. **Flores para Ane:** Ane, que pasa por un momento difícil de su vida, comienza a recibir semanalmente flores de un desconocido. Ander, su marido, con quien parece tener una relación fría, no le da demasiada importancia al principio. Sin embargo, con el paso del tiempo, y tras perder un collar que le regaló a Ane para su compromiso, Ander comienza a sentirse molesto. Ane esconde las flores para llevárselas a su despacho.

2. **Beñat mira desde el cielo:** Beñat tiene una relación cada vez más difícil con su esposa, Lourdes. A Tere, la madre de Beñat, no le gusta Lourdes y no acepta que no le vayan a dar un nieto biológico. Lourdes no soporta que Tere se meta siempre en los asuntos de pareja que deben solucionar entre Beñat y ella; por eso, Beñat y Lourdes discuten cada vez más frecuentemente. Entretanto, Beñat se acerca a Ane y es agradable con ella. Un día lluvioso, Beñat tiene un accidente de coche después de tener una discusión con Tere y acaba en el hospital, donde muere. Después de un tiempo, cuando Ane deja de recibir las flores, sospecha que quien se las enviaba semanalmente era Beñat.

3. **Flores para Beñat:** Tras la muerte de Beñat y de tener la sospecha de que era él quien le había enviado las flores, Ane comienza a interesarse por la vida de este hombre. En ese momento, ella comienza a llevar flores al lugar donde tuvo el accidente. Tere y Jaione (hermana de Beñat) acuden semanalmente al cruce donde ocurrió el accidente para honrar su memoria. Ellas, al ver las flores que deja Ane, piensan que son de Lourdes. Sin embargo, tras un encuentro de Lourdes con un familiar de Beñat, tanto ella como su familia descubren que alguien está poniendo flores semanalmente en el lugar del accidente. Ambas empiezan a sentir curiosidad: Tere deja una nota con un número de teléfono para conocer a Ane y tras quedar para tomar un café comienzan a tener una buena relación; Lourdes comienza a investigar para poder saber quién es esta persona. De este modo conoce a Ane, con quien intenta hablar para saber por qué deja flores a Beñat después de tres años. Tras un encuentro forzado, en el que Lourdes no dice quién es e intenta interrogar y convencer a Ane de que quizás no fuese Beñat quien le enviaba las flores, empieza a dudar y rompe contacto con la familia de este. Dos años después, Lourdes recibe las cenizas de Beñat y trata de dárselas a Tere. Ella sufre de alzhéimer, con lo que Lourdes recurre a Ane, pensando que a ella le hará ilusión tenerlas. Sin embargo, ella prefiere olvidar la época en la que dejaba flores a Beñat. Finalmente, Lourdes se queda con las cenizas.

3. **a)** Cada jueves, una vez a la semana.
   b) Lourdes y Tere tienen una mala relación; no se llevan bien. El más afectado es Beñat, marido de Lourdes e hijo de Tere.
   c) Cuando los demás se olvidan de ellas.
   d) Siente celos y tiene ganas de descubrir quién es y por qué lo hace.
   e) Lourdes, porque Tere sufre de alzhéimer y Ane los rechaza, ya que prefiere olvidar la época de su vida en la que llevaba flores al lugar donde Beñat tuvo el accidente.

4. **Individuelle Lösung**

'Las herederas' | Pág. 80

1. **Beispiellösung:**

En el primer plano del cartel se puede ver a una mujer de unos sesenta años. Esta mujer aparece de perfil y parece triste. Es pelirroja y lleva unas gafas de pasta. También lleva una camisa estampada. Además, se pueden ver las tiras de un bolso en el hombro de la mujer. Parece que ella está viendo alguna cosa que no le gusta o que tiene algún sentimiento desagradable. Al fondo se ve la calle y parece ser de noche, y bastante tarde, ya que no se ven personas o coches. Creo que la persona que aparece en este cartel es el personaje principal de la película. En el cartel se puede leer la frase: "Nunca es tarde para empezar de nuevo". Creo que esta frase puede tener un significado muy especial para la protagonista de 'Las herederas'. La mujer está pasando por un momento difícil de su vida y puede que ahora esté descubriendo cosas nuevas que la hacen feliz.

2. **1 c) • 2 d) • 3 a) • 4 e) • 5 b)**

3. **Beispiellösung:**

En la película se presentan varios temas de gran importancia en Paraguay. Por una parte, la situación de algunas personas arruinadas, que habían sido ricas, pero que ahora tienen que vender sus muebles y objetos de gran valor sentimental para poder seguir sobreviviendo. Por otra parte, la situación de los homosexuales y su poca aceptación entre la sociedad paraguaya. Aunque entre Chiquita y Chela existe una relación de amor, no hay apenas muestras de cariño en público a lo largo de toda la película. Finalmente, aparecen otros temas secundarios como, por ejemplo, la mala situación en las cárceles paraguayas o la importancia de las mujeres en la sociedad paraguaya a pesar de su falta de visibilidad.

4. **Individuelle Lösung**

'Ixcanul' | Pág. 83

1. **Beispiellösung:**

El cachiquel es un idioma que pertenece a la rama de las lenguas mayas. En la actualidad cuenta con unos 500.000 hablantes repartidos entre Guatemala y México, donde se considera una lengua en extinción al contar con tan solo 103 hablantes. Existen varios dialectos de este idioma: el cachiquel central, el oriental, el occidental, el norteño y el sureño. Por una parte, existen los dialectos propios de San Martín Jilotepeque y Santa Ana de Chimaltenango. Por otra parte, el cachiquel de Mazapa de Madero, en Chiapas (México), cuenta con tan solo 10 hablantes y es considerado una lengua en extinción.

2. **Beispiellösung:**

En el primer plano se puede ver a dos mujeres que están al lado de una roca, posiblemente porque hace mucho viento y se están protegiendo. Una de ellas está de espaldas y lleva un vestido típico de manga corta con muchos colores, entre los que destacan el rojo y el marrón oscuro. Además, lleva un pañuelo en la cabeza que combina con el vestido. La otra mujer lleva un vestido de color verde y un pañuelo en la cabeza del mismo color. Tiene las manos juntas. Entre las dos mujeres hay unos objetos coloridos que pueden ser una ofrenda para los dioses. Por este motivo, creo que las mujeres están realizando un ritual religioso. Al fondo de la foto se ve mucho humo, por lo que creo que están en un volcán activo. Este fotograma se corresponde a una de las primeras escenas de la película.

3. **Beispiellösung:**

En la película se presentan varios problemas de gran importancia en Guatemala. Por una parte, la situación de desigualdad de las mujeres, que apenas tienen peso en sus propias decisiones vitales a través del matrimonio concertado, la presión para no tener relaciones sexuales antes del matrimonio… Por otra parte, la desigualdad de las personas indígenas que no dominan el español y el abuso por parte de las autoridades y las personas que sí hablan el idioma. Además, se observa la explotación de los campesinos pobres y su falta de recursos y de alternativas laborales. Otros temas secundarios que la película trata son la emigración y la convivencia de las costumbres indígenas con las católicas.

4. **Individuelle Lösung**

6. Acción/Crimen

'Élite' | Pág. 86

1. **a)** manejar el cotarro • **b)** el/la integrista • **c)** echar el ojo • **d)** lavar la imagen • **e)** sobar • **f)** bajar los humos a alguien • **g)** el/la pijo/-a

2. **Beispiellösung:**

El primer capítulo comienza con Samuel en un interrogatorio. Una persona ha sido asesinada y la policía trata de averiguar quién es el culpable. La historia comienza cuando Samuel, Nadia y Christian llegan a Las Encinas, uno de los centros educativos más exclusivos de España. Ellos acceden becados por la empresa constructora de su antiguo instituto, que se derrumbó. Por este motivo, muy pocos compañeros quieren hacerse sus amigos. Además de eso, porque hubo problemas con un antiguo alumno becado. No obstante, Samuel se hace amigo de Marina; y Christian, de Ander. Por su parte, cuando Nadia llega a Las Encinas es una alumna brillante. Sin embargo, la hacen elegir entre el hiyab y el colegio; Nadia termina renunciando al hiyab para poder seguir en Las Encinas. Por otra parte, el hermano de Samuel, Nano, acaba de salir de la cárcel y ha vuelto a casa. Aunque tiene la libertad condicional, sigue siendo muy impulsivo y sigue metiéndose en líos. En una de esas ocasiones, Nano lleva a Samuel a pintar la pared del empresario que había construido el instituto. Lo que Samuel descubre más tarde, durante la puesta de largo de Marina, es que este empresario es el padre de Marina y de Guzmán. Durante la fiesta, Guzmán descubre que Samuel y Nano habían pintado la pared y busca a Samuel para discutir con él. Entonces, aparece Nano, que se une a la discusión. Aunque Guzmán quiere contar en Las Encinas lo que Samuel ha hecho, Nadia le convence de que no lo haga. Finalmente, cuando termina el capítulo se conoce la identidad de la persona asesinada y se ven las manos de Samuel ensangrentadas.

3. **Beispiellösungen:**

a) Samuel: es un chico de 16 años que trabaja como camarero para mantenerse a sí mismo y a su madre después de que su hermano entrara en la cárcel. Aunque es reservado, es muy simpático con las personas que lo tratan bien. Recibe una beca para poder ir a Las Encinas debido a que su anterior instituto se derrumbó. Es un chico responsable y honrado que intenta sacar a su hermano mayor de todos los problemas en los que se mete.

b) Nadia: es una chica de origen palestino que obtiene una beca en Las Encinas. Sus padres tienen una tienda de alimentación, en la que también ayuda ella. Es muy responsable y estudiosa, y le gustaría trabajar como embajadora de las Naciones Unidas cuando sea mayor. Además de los estudios, para ella son muy importantes su religión y su cultura.

c) Christian: es uno de los nuevos alumnos becados en Las Encinas. Aunque no es muy estudioso, recibió la beca porque le cayó encima el techo en el instituto al que iba anteriormente cuando se derrumbó. Es muy fiestero y cree que su paso por Las Encinas es una buena oportunidad para hacer contactos con gente importante. Aunque tiene problemas con algunos de sus nuevos compañeros, se hace amigo de Ander. Además, le gusta Carla.

d) Marina: es la hermana de Guzmán. A pesar de su buen nivel de vida, es humilde y simpática con los nuevos alumnos becados del centro. Es rebelde ante sus padres y rechaza su estatus social constantemente. En el pasado, se enamoró de un chico llamado Pablo de quien se infectó de VIH, una cuestión que incomoda a sus padres.

e) Guzmán: es el hermano de Marina y pertenece a una de las familias con más poder en el instituto. Como consecuencia –y a diferencia de su hermana–, es un chico arrogante que se cree superior a los nuevos alumnos, a quienes trata con desprecio. Además, tiene una relación con Lucrecia.

f) Carla: es alumna de Las Encinas. Tiene una relación con Polo desde los 12 años. Procede de una familia de grandes de España y es la heredera del marquesado de Caleruega y de una bodega que lleva ese nombre. Se siente atraída por Christian y es simpática con él por este motivo.

g) Lucrecia: es la mejor alumna de la clase. Además de los estudios, para ella es importante salir de fiesta y ligar con chicos. Es muy competitiva, sobre todo con Nadia. Además, es cruel y egoísta, ya que no duda en lograr sus objetivos al precio que cueste. Tiene una relación con Guzmán.

h) Ander: estudia en Las Encinas porque es hijo de la directora del centro. Es amigo de Guzmán y de Polo, aunque confiesa a Christian que no tiene el mismo nivel de vida que ellos. Juega bien al tenis, por lo que ha ganado muchos trofeos. Se hace amigo de

Christian, quien le ayuda a conseguir un contacto para poder comprar droga. El contacto es Omar, hermano de Nadia, con quien chatea en una aplicación para ligar y con quien llega a quedar sin saber que es él.

i) **Polo:** es uno de los estudiantes de Las Encinas. Es amigo de Guzmán y de Ander, y tiene una relación con Carla desde los 12 años.

j) **Nano:** es el hermano mayor de Samuel que acaba de salir de la cárcel. Es un joven impulsivo que no para de meterse en líos: pinta la fachada de la casa del constructor del instituto derrumbado, que es el padre de Marina y de Guzmán. Por esa razón tiene problemas con Guzmán y con su hermano Samuel, a quien intenta proteger.

4. **Beispiellösung:**

Una puesta de largo consiste en la presentación en sociedad de las hijas jóvenes de una familia importante. En esta fiesta se celebra el paso de la adolescencia a la edad adulta. Tradicionalmente y también en la actualidad, la fiesta sirve para hacer contactos con otras familias acomodadas. Antiguamente, en estas fiestas se sellaban tanto acuerdos económicos como compromisos matrimoniales. En una puesta de largo, las mujeres se visten de largo, de gala, mientras que los hombres se deben vestir con un esmoquin o frac, en los que pueden llevar puestas sus condecoraciones o medallas. Los invitados a la puesta de largo suelen ser amigos y familiares de las jóvenes de otras familias acomodadas.

5. **Individuelle Lösung**

'La casa de papel' | Pág. 89

1. **a)** el talego • **b)** quedar como a un Cristo/santo dos pistolas • **c)** entrar hasta la cocina • **d)** inmortalizar • **e)** el/la rehén • **f)** el atraco • **g)** el salvoconducto • **h)** el zeta

2. 1 d) • 2 e) • 3 f) • 4 b) • 5 a) • 6 c)

3. **Beispiellösung:**

Tokio: es impulsiva; su último atraco fue a un banco y acabó con tres muertos; uno de ellos era su novio.

Berlín: es el jefe al mando en el interior de la Fábrica Nacional de Moneda y Timbre. Era ladrón de guante blanco especializado en el robo de joyas.

Denver: es un chico violento que intimida demasiado. Ha tenido muchos problemas por las drogas y es muy temperamental.

Moscú: es el padre de Denver. Fue minero y cerrajero. Ha sido condenado por atracos, estafa, robo de varias joyerías y por agujerear cajas acorazadas.

Río: es un joven que ha pasado su infancia y su adolescencia programando y jaqueando. Es un experto en sistemas de seguridad y hay contra él una orden de busca y captura por la Interpol.

Nairobi: comenzó a falsificar billetes a los 13 años y es la experta de calidad del grupo.

Helsinki y Oslo: son dos soldados serbios, tienen mucha disciplina y cumplen todas las órdenes que Berlín les da.

4. **Individuelle Lösung**

'Tarde para la ira' | Pág. 93

1. **a)** el farol • **b)** lo que no está en los escritos • **c)** salir de Málaga y meterse en Malagón • **d)** el talego • **e)** el vis a vis • **f)** el órdago • **g)** tirar para adelante

2. **Beispiellösung:**

Creo que la palabra 'tarde' puede tener dos significados que tienen que ver con el título. El primero se refiere al momento del día que hay entre el mediodía y el anochecer; el segundo se refiere a un momento inoportuno, que ya no es conveniente para realizar una acción. Creo que el título de la película se adecúa más al primer significado que al segundo, aunque coincide que el protagonista aprovecha una tarde para comenzar su venganza.

3. **a)** Un grupo de personas atracan una joyería y llega la policía. Entonces, el conductor del coche huye solo, pero tiene un accidente de tráfico y acaba siendo detenido.
   b) Bar Carrasco.
   c) Irse a vivir a la casa del pueblo que tiene José.
   d) Para distraerla y poder realizar sus planes de venganza.
   e) El padre y la novia de José.
   f) Curro responde que fueron Santi, Julito y Rober, pero fueron Santi, Julito y Juanjo.
   g) Juni. Ahora le llaman El Triana.

4. **Beispiellösung:**

El argumento que yo había pensado antes de ver la película era distinto del argumento real, ya que el protagonista no lleva a cabo su venganza en una sola tarde, sino en varios días. De hecho, el significado de 'tarde' en este título no tiene que ver con lo que yo había pensado. En este caso, la película hace referencia a un momento inoportuno de la vida para vengarse, ya que ha pasado mucho tiempo desde que asesinaron a la novia del protagonista.

5. **Individuelle Lösung**

la	**acción**	Handlung
el/la	**actor/actriz**	Schauspieler/in
la	**actuación**	Vorstellung
la	**adaptación**	Verfilmung
la	**ambientación/atmósfera**	Atmosphäre
el	**ángulo de cámara**	Kameraperspektive
el	**argumento**	Handlung
el	**atrezo**	Requisiten; Ausstattung
la	**banda sonora**	Filmmusik; Soundtrack
la	**cámara**	Kamera
la	**cámara lenta**	Zeitlupe; Zeitraffer
la	**cámara rápida**	Schnelldurchlauf
la	**cartelera**	Kinoprogramm; Vorschau
el	**castin**	Casting
el/la	**cineasta**	Cineast/in
el/la	**cinéfilo/-a**	Kinoliebhaber/in
la	**claqueta**	Filmklappe; Synchronklappe
el	**clásico**	Klassiker
el	**clímax**	Höhepunkt
el	**cortometraje**	Kurzfilm
los	**créditos** (Pl.) **de apertura**	Vorspann
los	**créditos** (Pl.) **de cierre**	Abspann; Nachspann
la	**crítica**	Kritik
el	**culebrón basado en casos/hechos reales**	Doku-Soap
	debutar	sein Debüt geben
	desarrollarse	spielen
el	**desenlace**	Ende; Ausgang
	destripar/hacer espóiler	spoilern
el/la	**director/a**	Regisseur/in
los	**efectos especiales** (Pl.)	Spezialeffekte
	en primer plano	Vordergrund
	encarnar	verkörpern
la	**entrada**	Eintrittskarte
la	**escena**	Szene; Ausschnitt

la	**escena retrospectiva**	Rückblick; Flashback
el/la	**espectador/a**	Zuschauer/in
	estar ambientado/-a en	spielen in; angesiedelt sein in
	estrenar	herausbringen; Premiere haben
el	**estreno**	(Film)premiere
el	**éxito de taquilla**	Kassenschlager; Filmhit
	exitoso/-a	erfolgreich
la	**fama**	Ruhm
el	**festival**	Filmfest; Filmfestival
el	**fotograma**	Einzelbild; Szenenbild; Standbild
el	**galardón**	Preis; Auszeichnung
el	**género**	Genre
el	**guion**	Drehbuch
el/la	**guionista**	Drehbuchautor/in
	interpretar	spielen
el	**largometraje**	Spielfilm
el	**maquillaje**	Maske
	melodramático	melodramatisch
la	**miniatura**	Vorschaubild; Video-Thumbnail
el	**montaje**	Filmschnitt
la	**ópera prima**	Debüt; Erstlingswerk
la	**pantalla**	Leinwand; Bildschirm
el	**papel**	Rolle
la	**película**	Film
el	**personaje**	Figur
el	**plano**	Nahaufnahme
la	**portada**	Plakat; Cover (DVD)
el	**premio**	Preis
	principal	Haupt...
la	**producción**	Produktion
el/la	**protagonista**	Hauptdarsteller/in; Protagonist/in
	protagonizar	die Hauptrolle spielen
el	**público**	Publikum
el	**reparto**	Besetzung

el	**ritmo**	Rhythmus
el	**rodaje**	Dreharbeiten
	romántico/-a	romantisch
la	**sala**	Kinosaal
	secundario/-a	Neben...
el	**segundo plano**	Hintergrund
la	**serie**	Serie
la	**sinopsis**	Zusammenfassung
el	**subtítulo**	Untertitel
la	**taquilla**	Kasse
el	**tráiler**	Trailer
la	**trama**	Handlung; Plot
	tratar de	handeln von; gehen um
el	**vestuario**	Kostüm

Géneros del cine

alternativo	alternativer/besonderer Film
bélico	Kriegsfilm
biográfico	Filmbiografie
clásico	Filmklassiker
comedia	Komödie
costumbrista	Heimatfilm
de acción	Actionfilm
de arte	Kunstfilm
de autor	Autorenfilm
de aventura	Abenteuerfilm
de ciencia ficción	Science-Fiction
de fantasía	Fantasy
de misterio	Horror-/Mistery-Film
de suspense	Thriller
de terror	Horror
de vanguardia	Avantgardefilm
deportivo	Sportfilm
documental	Dokumentation; Dokumentarfilm
drama	Drama
épico	Epos
experimental	Experimentalfilm
futurista	futuristischer Film
histórico	Historienfilm
independiente	Independent-Film
infantil	Kinderfilm
musical	Musikfilm
negro	Film noir
policiaco	Krimi
político	Politdrama/-thriller
religioso	Religionsfilm
romántico	Romanze

Expresiones para convencer a otras personas

Argumentar	Contradecir un argumento	Reflexionar/Ponderar
En mi opinión,…	Entiendo tu opinión, pero…	Por un lado,… Por otro lado,…
Para mí,…	Es verdad que…, pero…	Estoy a favor/en contra de…
Creo/Pienso que…	No pienso como tú.	
Me parece que…	No creo/pienso que…	
Es que…	No estoy seguro/-a de que…	**Dar la razón**
Estoy convencido de que…	No es verdad que…	Tienes razón.
Es evidente que…	No me convence que…	Estoy de acuerdo.
Está claro que…		Sí, es verdad.
		Así es.

Expresiones para ordenar ideas

Ordenar el argumento	Enfatizar
En primer lugar/Primero,…	Sobre todo…
En segundo lugar,…	Ciertamente,…
Al principio/inicio,…	
A continuación/Seguidamente,…	**Contrastar**
Luego,…	Por otra parte,…
Finalmente/Para terminar,…	En cambio,…
En conclusión/resumen,…	Por el contrario,…

Expresiones para describir imágenes

Describir imágenes			
En la imagen/el dibujo/la foto…	hay	un hombre/una mujer	que están hablando…
En el primer plano…	está (sentado/-a,	un chico/una chica	que están mirando (a)…
Al fondo…	de pie, tumbado/-a…)	un niño/una niña	que llevan…
En el centro…	se ve/observa (a)…	dos personas	que tiene(n)…
Al lado de…		un perro/gato/vaca	que está(n) en…
A la izquierda/derecha de…		un árbol/edificio	que parece(n)…
Entre…			
Encima/Debajo de…			